Wallis

Michael Waeber/Hans Steinbichler

Bergwanderungen im Wallis

50 ausgewählte Tageswanderungen rund um Zermatt,
Saas, Fiesch, Brig und Sion
sowie eine sechstägige Rundtour
durch das Mattertal

BERGVERLAG RUDOLF ROTHER GMBH – MÜNCHEN

Umschlagbild:
Ausblick von oberhalb Simplon-Dorf auf das Fletschhorn
Foto: Michael Waeber

Bildnachweis (Seitenzahlen):
Herbert Kunstmann (87).
Hans Steinbichler (7, 13, 24, 39, 41, 69, 77, 108, 111, 113, 121, 133).
Michael Waeber (19, 26, 28, 37, 43, 45, 47, 51, 53, 55, 57, 59, 61, 63, 65, 67, 71, 73, 75, 79, 81, 83, 85, 89, 91, 93, 95, 97, 99, 101, 103, 107, 115, 116, 119, 123, 125, 127, 128, 131, 135, 137).

Kartenskizzen: W. Mayr, Innsbruck

Die Ausarbeitung aller in diesem Führer beschriebenen Anstiege und Routen erfolgte nach bestem Wissen und Gewissen der Autoren. Die Benützung dieses Führers geschieht auf eigenes Risiko. – Soweit gesetzlich zulässig, wird eine Haftung für etwaige Unfälle und Schäden jeder Art aus keinem Rechtsgrund übernommen.

Bergverlag Rudolf Rother GmbH, München
2. Auflage 1993
ISBN 3-7633-4079-3

Gesamtherstellung Rother Druck GmbH, München
(2355/31023)

Vorwort

Das Wallis, vielen Schweiz-Urlaubern hauptsächlich als anspruchsvolles Hochtourengelände mit so bekannten Gipfeln wie Monte Rosa oder Matterhorn, vielleicht auch noch im Zusammenhang mit den großen Skizentren Zermatt, Saas Fee, Crans-Montana oder Verbier ein Begriff, entpuppt sich bei näherer Betrachtung auch als das Ideal einer Wanderregion:
Vor der großartigen Kulisse der höchsten Alpengipfel und größten Gletscherströme führen alte und neue Wanderwege durch alle Höhenstufen und bieten für jede Jahreszeit und jeden Geschmack eine reichhaltige Auswahl an höchst eindrucksvollen Unternehmungen. Dem Besucher kommt dabei zugute, daß er sich hier in einer Schönwetterecke der Alpen befindet, da die hohen Gebirgszüge für Wolken und Regen von allen Seiten eine große Barriere darstellen.
Aus einer Vielzahl von Möglichkeiten wurden für diesen Führer 50 Wege ausgewählt, die in ihrer Vielfalt wohl ihresgleichen suchen: Ob es Pfade zu den höchsten, auch für Wanderer erreichbaren Gipfeln der Alpen sind, ob Höhenwege mit geringen Mühen z.B. entlang alter Wasserleitungen führen, ob Wanderungen auf guten Wegen an den Rand wilder Gletscher leiten oder aber durch die höchstgelegenen Weinberge Europas – wer diesen Wegen folgt, wird einen hervorragenden Überblick über diese großartige Landschaft, aber auch seine Bewohner und ihre Kultur erhalten.
Die vorgestellten Wanderungen sind fast alle als leicht einzustufen, einige bieten sich ohne weiteres als „Spaziergang“ auch für Familien mit Kindern oder ältere Leute an; Wanderungen entlang der Sonnenhänge des Rhônetals können das ganze Jahr über mit Genuß unternommen werden. Dennoch gibt es auch Unternehmungen bis weit über die 3000-Meter-Grenze, die echte Bergwander-Höhepunkte darstellen werden – der noch weniger Erfahrene sollte sich diese Ziele jedoch nicht gerade für seine ersten Touren heraussuchen! Auch diese hohen Wege sind bei normalen Verhältnissen unschwierig, doch gibt es immer wieder Sommer, in denen Schnee und Eis das ganze Jahr über liegen bleiben!
Wir danken all unseren Begleitern und -innen auf diesen Wegen für ihr geduldiges „Ertragen“ unserer Extrawünsche und gelegentlich auch mühsamen Umwege; für so manchen Vorschlag mußten wir schließlich mehrfach losziehen, bis er endlich richtig „stand“! Unser besonderer Dank gilt auch den Damen und Herren aus den Verkehrsämtern sowie den Postbus- und Bahngesellschaften für ihre weitreichende Unterstützung unserer Arbeiten. Sie halfen nicht zuletzt mit Manuskript-Durchsichten. Die Autoren wünschen allen Besuchern des Wallis schöne, erlebnisreiche Urlaubstage.

München/Kothöd, im Mai 1993 Michael Waeber und Hans Steinbichler

Herbsttage

Herr: es ist Zeit. Der Sommer war sehr groß.
Leg deinen Schatten auf die Sonnenuhren,
und auf den Fluren laß die Winde los.
Befiehl den letzten Früchten voll zu sein;
gib ihnen noch zwei südlichere Tage,
dränge sie zur Vollendung hin und jage
die letzte Süße in den schweren Wein.
Wer jetzt kein Haus hat, baut sich keines mehr.
Wer jetzt allein ist, wird es lange bleiben,
wird wachen, lesen, lange Briefe schreiben
und wird in den Alleen hin und her
unruhig wandern, wenn die Blätter treiben.

Rainer Maria Rilke
(begraben in Raron)

Spätherbst im Wallis.

Inhaltsverzeichnis

blau = leicht
rot = etwas schwieriger, evtl. ausgesetzt
schwarz = schwierig

Abkürzungen:

Std. Stunde
Min. Minute
Tel. Telefon-Nr.
SAC Schweizer Alpen Club
SBB Schweizerische Bundesbahnen
BVZ Brig-Visp-Zermatt-Bahn
BLS Bern-Lötschberg-Simplon-Bahn
FO Furka-Oberalp-Bahn
MO Martigny-Orsières-Bahn
MC Martigny-Châtelard-Bahn (Chamonix)

Touristische Hinweise

Zum Gebrauch des Führers

Die Wandervorschläge sind im allgemeinen von Ost nach West, also vom Grimselpass (bei Ortsbezeichnungen wird die schweizerische Schreibweise verwendet) zur Combin-Gruppe geordnet, die Unternehmungen in den Seitentälern stehen dabei an den entsprechenden Stellen; Ausnahmen hiervon gibt es nur, wenn sonst nahe beieinanderliegende Wege zu weit auseinandergerissen würden. Touristische und kulturelle Informationen über die Talorte sind im folgenden Kapitel zusammengefaßt. Im „Schlechtwetter"-Kapitel findet sich eine Zusammenstellung alternativer Unternehmungsmöglichkeiten, nicht nur für Regen- sondern auch für „Ruhetage".
Die wichtigsten Informationen sind für jeden Tourenvorschlag steckbriefartig vorangestellt, dabei auch die Erreichbarkeit der Ausgangsorte mit öffentlichen Verkehrsmitteln (die Schweiz kann hier für alle Alpenländer eine Vorbildfunktion einnehmen!). Nach einer kurzen Charakterisierung der Wanderung folgt die Beschreibung des Wegverlaufs. Die mehrfarbige Wanderkarte erleichtert die Übersicht, dazu soll das Farbfoto einen Eindruck der Region vermitteln. Im Stichwortverzeichnis am Schluß sind alle behandelten Berggruppen, die Talorte, Ausgangspunkte, Stützpunkte und Ziele zusammengestellt. Auf der Übersichtskarte können je nach eigenem Standort die verschiedenen Wandermöglichkeiten rasch lokalisiert werden.

Schwierigkeiten

Alle im Führer beschriebenen Wege sind leicht und können mit entsprechender Bergwander-Ausrüstung (feste Schuhe und passende Bekleidung) oft gut bis in den Spätherbst hinein begangen werden. Dies sollte jedoch nicht darüber hinwegtäuschen, daß manche Stellen Trittsicherheit und Schwindelfreiheit erfordern. Um die jeweiligen Anforderungen besser einschätzen zu können, wurden die Tourenvorschläge mit verschiedenen Farben markiert. Diese erklären sich wie folgt:

Blau

Der Weg ist gut und lückenlos markiert, ausreichend breit und nur mäßig steil, daher auch bei Schlechtwetter relativ gefahrlos zu begehen. Diese Wege können auch von Kindern und älteren Leuten ohne große Gefahr begangen werden.

Rot

Diese Steige sind ausreichend markiert, überwiegend aber schmal und über kurze Abschnitte bereits etwas ausgesetzt. Kurze Strecken dieser Steige können bereits mit Drahtseilen gesichert sein und sollten daher nur von trittsicheren, mit entsprechender Ausrüstung ausgestatteten Bergwanderern begangen werden.

SCHWARZ
Diese Steige sind ebenfalls ausreichend markiert, aber schmal und über weite Abschnitte steil angelegt. Stellenweise können sie sehr ausgesetzt sein, manchmal wird die Zuhilfenahme der Hände notwendig. Dies bedeutet, daß diese Wege nur von absolut trittsicheren, konditionsstarken und alpin erfahrenen Wanderern angegangen werden sollten.

Gefahren

Fast alle Touren folgen guten und markierten Wegen, bei besonderer Ausgesetztheit oder anspruchsvoller Wegführung wird im Text darauf hingewiesen. Einige Routen führen bis weit über die 3000 Meter-Marke hinaus; hier muß natürlich auch im Sommer immer mit Schnee gerechnet werden, man sollte dann im Tal (z.B. in Verkehrs- und Bergführerbüros) nach den Verhältnissen fragen. Oder man erkundet die Region zuerst von etwas tiefer gelegenen Wanderungen aus.

Ausrüstung

Gutes, festes und vor allem gut passendes Schuhwerk mit griffiger Sohle, sogenannte Trekkingstiefel, haben sich in den letzten Jahren sehr gut bewährt. Bequeme Hose, Regen-, Wind- und Kälteschutz im Frühjahr und Herbst, bei den hochgelegenen Routen auch im Sommer mit Handschuhen und Mütze (selbst wenn es im Tal hochsommerlich heiß ist)! Auf den höchsten Wanderungen gelangt man immerhin in Höhen deutlich jenseits der 3000-Meter-Grenze! Für den Herbst, wenn die Tage kürzer werden, empfiehlt sich eine Stirnlampe. Natürlich sollte ausreichend zu Trinken dabei sein (nicht jedoch in den wenig umweltfreundlichen Dosen sondern in der eigenen Trinkflasche!) sowie etwas zu Essen.

Karten

Viele der Wanderungen können mit den Kartenausschnitten dieses Büchleins unternommen werden. Es empfiehlt sich jedoch die Anschaffung der hervorragenden Blätter der Landestopografie (Landeskarte der Schweiz oder der daraus zusammengestellten Sonderblätter der regionalen Verkehrsverbände): Diese sind wirklich wahre Kunstwerke mit unübertroffener Übersichlichkeit und Detailgenauigkeit, man wird mit ihnen unendlich viele weitere Unternehmungsmöglichkeiten entdecken können! Die Preise liegen bei ca. 10.- SFr für die normalen Blätter, die Zusammensetzungen mit Wanderrouten und Wege-Kurzbeschreibungen kommen je nach Größe auf

10.- bis 20.- SFr. Erhältlich sind sie vor Ort in Buchhandlungen, Kiosken, an Bahnhöfen und in den Verkehrsämtern. Ein Blattschnitt der Landeskarte befindet sich auf Seite 16/17.

Gehzeiten

Zeitangaben sind grundsätzlich problematisch; hier sind durchschnittliche Wanderzeiten angeführt, wie sie auch ohne größeres „Training" normal benötigt werden, ohne Rasten oder Fotopausen! Sie sollen nur Planungshilfe sein. Wer auch bei guten Verhältnissen länger unterwegs ist, hat vermutlich viel mehr von diesen Touren; lediglich das Wetter, die Fahrpläne von Bus und Bahn oder die kommende Nacht sollten den Zeitplan festlegen, bestimmt keine neuen „Wanderzeit-Rekorde"!

Einkehrmöglichkeiten

In diesem Abschnitt finden sich die am Weg liegenden Restaurants oder Schutzhütten, die im Sommer geöffnet sind. Wo vorhanden, sind auch Nächtigungsmöglichkeiten notiert, im Frühsommer oder Herbst sollte man sich sicherheitshalber im Tal über die Bewirtschaftung erkundigen. Die Restaurants oder Kioske an den Bergbahnstationen haben üblicherweise während der Bahnbetriebszeiten geöffnet.

Aufstiegshilfen

Seilbahnen, Lifte und Taxibusse wurden in die Routen, wo sinnvoll, integriert. Manche Linien sind nur im Sommer in Betrieb (im „Fahrplan des Wallis" sind alle Bahnen und Postkurse aufgeführt, erhältlich in den Verkehrsbüros, Fahrkartenschaltern der Bahnen und Busse); nach Betriebsschluß der Seilbahnen werden diese Wanderungen zwar länger, aber auch viel ruhiger!

Anreise

Das Wallis ist für Besucher aus Deutschland oder Österreich verhältnismäßig weit entfernt, kurze Wochenendtrips werden daher von hier wohl kaum unternommen. Die meisten Urlauber kommen mit eigenem Pkw, womit das Auto auch hier zu einem großen Problem wird (Staus wie in Großstädten, schlechte Luft, und äußerst knapper Parkraum). Nun ist das Wallis jedoch hervorragend auch mit der Bahn erreichbar, ja es gibt sogar durchgehende Züge aus Deutschland; dazu kommen Traumrouten wie mit der Furka-Oberalpbahn von Chur nach Brig oder der Lötschberg-Linie – damit ist die Anreise bereits echter Urlaub!

Herbstliche Wanderung auf dem Lötschberg-Südrampenweg (Tour 16).

Außerdem sind nahezu alle hier beschriebenen Wanderungen mit Bussen oder dem Zug zu erreichen; daher sollte jeder ernsthaft darüber nachdenken, ob nicht auch mal ein autofreier Urlaub in Frage kommen könnte. Die zugegebenermaßen hohen Fahrpreise für Einzelbillets können mit zahlreichen Spezialangeboten durchaus preiswert sein. Beim Vergleich mit dem eigenen Pkw sollte auch berücksichtigt werden, daß man neben der Autobahn-Vignette und eventuellen Maut- oder Verladegebühren nun fast überall auch für das Parkieren kräftig zu zahlen hat; ganz zu schweigen von der meist wegen starkem Verkehr überaus anstrengenden Anfahrt; nicht jeder ist dann am nächsten Tag sofort zu großen Touren in der Lage, man verschenkt damit vielleicht so manchen kostbaren Urlaubstag. Übrigens werden von den meisten Gästen im Winter diskussionslos viel höhere Preise für Skipässe gezahlt, im Sommer dann aber wegen scheinbarer Ersparnis von wenigen Fränkli die öffentlichen Verkehrmittel links liegen gelassen!

Natur- und Umweltschutz

Es soll auch hier nicht versäumt werden, auf einen schonenden Umgang mit der Natur hinzuweisen: Diese gewaltige Landschaft, teilweise noch in einem Zustand wie vor tausend Jahren, teils aber auch in vielen Jahrhunderten vom Menschen geprägt, ist es schließlich, die der Urlauber hier sucht und auch in Zukunft finden will! Man sollte also besonders im Urlaub auf all das verzichten, was eine Belastung der Umwelt, übermäßigen Verbrauch von Energie sowie Störung von Kultur und Bewohnern bedeutet; man sollte jeden Ort so verlassen, wie man ihn selbst vorzufinden wünscht; also sowenig Müll wie irgend möglich (der kleine Rest wird bei Wanderungen selbstverständlich wieder mit ins Tal genommen und dann geregelt entsorgt, alle Möglichkeiten für Recycling werden genutzt) und natürlich auch eine Selbstbeschränkung in der Produktion von „Luft-Müll", also wirklich sparsamster Pkw-Gebrauch! Das Wandern bietet von allen Urlaubsbetätigungen sicher den intensivsten Kontakt zur Natur, ist aber selbst im Zeitalter des Massentourismus geeignet, ohne übermäßige Belastungen für die Umwelt dem Menschen das zu zeigen, was es zu bewahren gilt!
Leider wird der Wanderer auch hier im Wallis mit dem in allen Alpenteilen praktizierten Ausverkauf der Landschaft konfrontiert: Ganz besonders ist hier der Pistenskitourismus zu nennen, für den ganze Talschaften durch Verdrahtung und großflächige Erdbewegungen geopfert wurden, ehemals harmonisch gewachsene Dörfer und Almsiedlungen wandelten sich zu großstädtischen Hotel- und Appartementhaus-Siedlungen, auch das 20-stöckige Hochhaus hat bereits seinen Einzug in den Almbereich gehalten! Das schlimmste jedoch ist, daß ein wirklicher Erschließungsstop noch immer nicht in Sicht ist, das Skiliftgeschwür frißt sich ungebremst stetig weiter auch in die entlegensten Täler, und wenn Landschaft oder Klima

nicht passen, wird eben nachgeholfen, Bulldozer und Schneekanonen machen's schließlich möglich! Wenn der Schnee kommt, erlebt der Wintergast eine scheinbar heile Welt, im Sommer werden dann die Wunden deutlich! Natürlich: Das große Geld wird z.Zt. noch im Winter gemacht, für viele Orte ist das momentan die einzige Überlebensmöglichkeit, aber wie lange wird man sich diese extrem energie- und landschaftsverbrauchende Urlaubsart noch leisten können?
Anzeichen einer sich ändernden Einstellung bei Urlaubsreisen sind aber erfreulicherweise nicht mehr zu übersehen: Der Mensch flieht eben nicht aus der lebensfeindlichen Umwelt der Großstädte, um dann am Urlaubsort gleiches wiederzufinden! Schon wird mancherorts begonnen, mit gewaltigem Kapitaleinsatz die früheren Sünden wiedergutzumachen, also z.B. Straßen und Stationen „zurückzubauen". Vielleicht kann der Bergwanderer hier einen weniger naturbelastenden Ausgleich zum Skitourismus bilden und so einen Mittelweg zwischen der völligen Verarmung ganzer Talschaften, die vom Tourismus abgehängt wurden (viele Beispiele in den Südalpen!) und einer „Techno-Welt" à la Val d'Isère oder Disneyland aufzeigen? Auch das Tourismus-Geschäft verläuft nach Angebot und Nachfrage. Die größte Nachfrage kommt derzeit vom Pistenskilauf, entsprechend gestaltet sich das Angebot! Die Tourismus-Verantwortlichen müssen sich jedoch darüber im Klaren sein, daß sich die Ansprüche der Wintersportler an eine Region nur sehr schwer mit den Wünschen der anderen Gäste über das Jahr hinweg vereinbaren lassen. Jeder einzelne könnte vielleicht die Nachfrage nach unzerstörter Landschaft wieder mehr ins Bewußtsein der Gastgeber rufen, z.B. durch Gespräche mit den Gastgebern, durch Formulieren seiner Wünsche in den Verkehrsämtern, aber auch Ansprechen der Umweltproblematik! Vielleicht haben dann auch Sie dazu beigetragen, daß sich die Bewohner eines Ortes bei künftigen Projekten wieder mehr für die Natur (und damit letztendlich ihre eigene Lebensgrundlage) und weniger für das schnelle Geld entscheiden; auch solche erfreulichen Beispiele hat das Wallis zu bieten, wie z.B. im Binntal!

1245
Château-d'Oex
1246
Zweisimmen
1247
Adelboden
263
Wildstrubel
e Naye
1265
Les Mosses
1266
Lenk
1267
Gemmi
41
Col du Pillon
1285
Les Diablerets
1286
St-Léonard
1287
Sierre
273
Montana
urice
1305
Dt de Morcles
1306
Sion
1307
Vissoie
1325
Sembrancher
1326
Rosablanche
1327
Evolène
283
Arolla
gny
1345
Orsières
1346
Chanrion
1347
Matterhorn
46
Val de Bagnes
Montbovon
Rougemont
Château-d'Oex
Saanenmoser
Schönried
Saanen
Gstaad
Matten
Lenk
Adelboden
Kandersteg
L'Etivaz
Feutersoey
Lauenen
Iffigen
Gsteig
Leukerbad
Les Diablerets
Bretaye
Anzère
Crans
Montana
Sierre
Salgesch
Leuk
Albinen
Turtman
Oberems
Chippis
Chalais
Chandolin
Gryon
Savièse
St-Léonard
Granges
Conthey
Ardon
Chamoson
Nendaz
Hérémence
St-Martin
St-Luc
Vissoie
Ayer
Grimentz
Saillon
Riddes
Isérables
Dorénaz
Saxon
Charrat
Verbier
Le Châble
Bruson
Evolène
Villa
Les Haudères
Zinal
Champex
Orsières
Lourtier
Fionnay
Bourg-St-Pierre
Breuil
Ferret

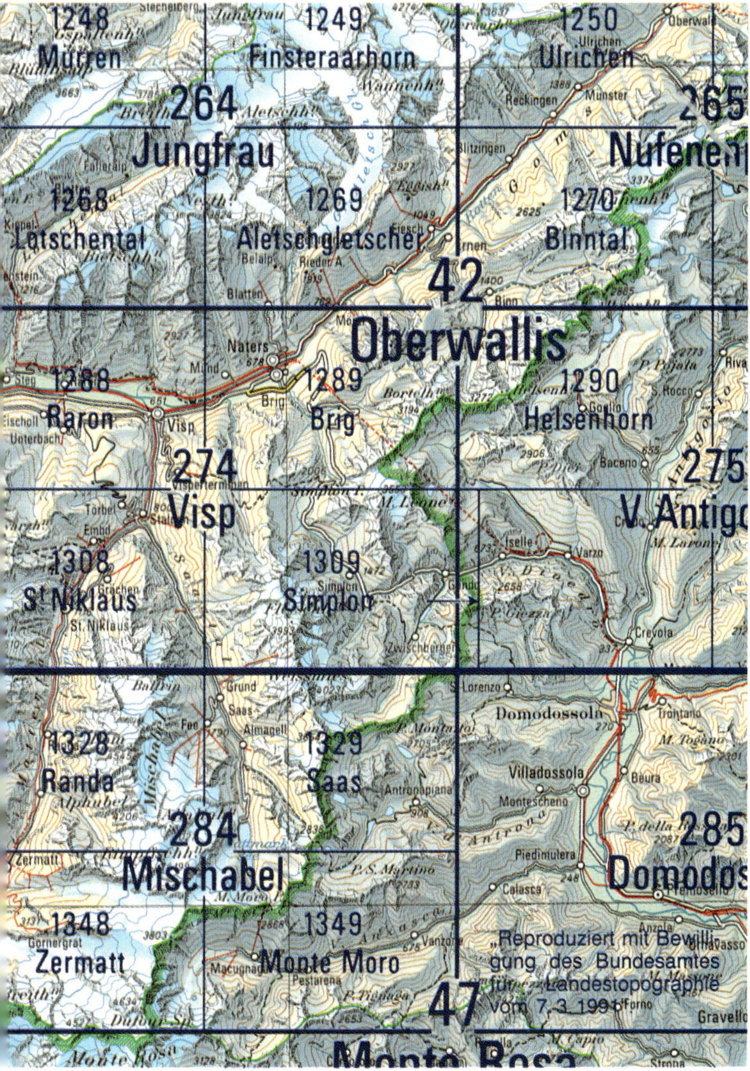
1248
Mürren
1249
Finsteraarhorn
1250
Ulrichen
264
Jungfrau
265
Nufenen
1268
Lötschental
1269
Aletschgletscher
1270
Binntal
42
Oberwallis
1288
Raron
1289
Brig
1290
Helsenhorn
274
Visp
275
V. Antigo
1308
St. Niklaus
1309
Simplon
1328
Randa
1329
Saas
284
Mischabel
285
Domodos
1348
Zermatt
1349
Monte Moro
47
Monte Rosa
„Reproduziert mit Bewilligung des Bundesamtes für Landestopographie vom 7.3.1991"

Talorte

Vorbemerkung:
In praktisch jedem Ort im Wallis findet man eine große Auswahl an Unterkunftsmöglichkeiten aller Kategorien, sei es in Hotels, in Frühstückspensionen oder Ferienwohnungen; auf deren Aufzählung wurde daher im Folgenden verzichtet. Die Preise sind durchaus mit denen in anderen Teilen der Alpen zu vergleichen.
Natürlich empfiehlt sich im Hochsommer wie überall eine rechtzeitige Vorbestellung, im Frühsommer und Herbst sind dagegen genügend Zimmer frei. Auf Campingplätze und Gruppenlager wird hingewiesen, da diese nicht überall vorhanden sind.
Die Aufzählung der touristischen Einrichtungen kann natürlich keinen Anspruch auf Vollständigkeit erheben, auch konnten aus Platzgründen nicht alle Ortschaften genannt werden – die einzelnen Verkehrsbüros werden gerne weitere Informationen geben.

Gletsch, 1757 m
Nur im Sommer bewohnte Siedlung mit schönem Blick auf die Zunge des Rhônegletschers, der noch vor kaum 100 Jahren bis in die Nähe des Ortes hinabreichte. Naturlehrpfad im Gletscher-Rückzugsgebiet. Die Anfang der Achtzigerjahre stillgelegte Furka-Zahnradbahn wird unter großem Aufwand wiederhergestellt und verkehrt voraussichtlich ab Sommer 1995 wieder bis Gletsch. Die alten Dampflokomotiven mußten dazu aus Vietnam zurückimportiert werden!

Oberwald, 1368 m
Station der Furka-Oberalp-Bahn, Autoverladung nach Realp durch den Furkatunnel. Oberster ganzjährig bewohnter Ort im Rhônetal mit zahlreichen herrlichen Wandermöglichkeiten; sehenswerte Barockkirche, schönes Dorfbild. Gruppenunterkunft, Campingplatz.

Ulrichen, 1346 m
Netter Ort im Obergoms am Beginn der Nufenenstraße, mit wunderschönen alten Häuserzeilen. Wie nahezu überall im Wallis dominiert hier das Holzhaus, das Lärchenholz verfärbt sich im Laufe der Jahrhunderte typisch schwarzbraun.
Eine Ausnahme vom Holzbaustil bildet das 1,5 km entfernte **Obergesteln,** wo südländisch anmutender Steinbau vorherrscht, nachdem der Ort Mitte des letzten Jahrhunderts von einer Feuersbrunst völlig zerstört worden war. Gruppenunterkünfte, Campingplatz.

Fast wie in der Arktis: Märjelensee am Aletschgletscher (Tour 7).

Münster, 1388 m
Das größte Haufendorf im Wallis mit einer Kirche aus dem Jahre 1491, darin der berühmte Hochaltar, geschnitzt 1509 von J.Keller aus Luzern mit Szenen in freier Anlehnung an Dürers Marienleben; Pfarrei-Museum. Außerdem finden sich besonders schöne Häuser und Stadel im Ort.

Fiesch, 1050 m
An der Einmündung des Fieschertals (Fieschergletscher) in das Rhônetal. Erst seit Anfang dieses Jahrhunderts (Eisenbahnbau) wirtschaftlicher Mittelpunkt des Goms, zuvor bewegte sich der Verkehr auf der anderen Talseite durch Ernen. Trotz vieler Neubauten sind schöne alte, renovierte Häuser erhalten. Großes Sportzentrum (Hallenbad, Tennis, Squash, Minigolf, Sporthallen u.a.), Bergsteigerschule, Eggishorn-Seilbahn, Paradies für Wanderer, Drachen- und Gleitschirmflieger. Gruppenunterkünfte.

Bellwald, 1559 m
Auf dem Rücken zwischen Fieschertal und Rhônetal gelegener Ferienort mit schönem Dorfkern und vielen Wandermöglichkeiten, wie z.B. dem Gommer Höhenweg. Sessellift über Fleschen nach Steibenkreuz am Risihorn-Ausläufer. Luftseilbahn und Straßenanschluß von Fürgangen oberhalb von Fiesch (Haltestelle der FO-Bahn). Gruppenunterkunft.

Bettmeralp, 1957 m, und **Riederalp, 1925 m**
Diese alten Almsiedlungen auf der Sonnenseite des Kammes zwischen Rhônetal und Aletschgletscher sind zu sehr komfortablen Sport- und Erholungsorten gewachsen; sie sind autofrei, aber von den Stationen der FO-Bahn mit mehreren Seilbahnen schnell zu erreichen. Die Region wurde stark für den Skilauf erschlossen, bietet aber noch immer eine Fülle besonders aussichtsreicher Wanderungen, wie in dem unter Naturschutz stehenden Aletschwald. Bergführerbüro, Tennis, Sportzentrum mit Schwimmbad, Golf und Minigolf, Fischen und Rudern auf dem Bettmersee. Touristenlager.

Blatten, 1327 m
In aussichts- und sonnenreicher Lage an der Aletschregion über Brig/Naters. Gut erhaltene alte Häuser und Spycher, eine der ältesten Siedlungen des Wallis (1079 erwähnt). Talort für die Sonnenterrasse Belalp (Seilbahn). Tennis, Squash, Kegelbahnen, Thermalbad Brigerbad. Gruppenunterkunft.

Ernen, 1195 m
Weit über die Grenzen bekannt durch sein historisches Dorfbild, das sich seit über 100 Jahren durch ein strenges Reglement für Neubauten praktisch nicht verändert hat. Dazu befindet sich in der Kirche (in ihrer jetzigen Form aus dem Beginn des 16.Jh.) eine sehenswerte Sammlung mit wertvollen Kunstgegenständen, die noch bespielbare Orgel datiert aus dem Jahre 1680! Ernen gilt als Musikdorf, jedes Jahr finden Orgelwochen und internationale Kammerorchester-Kurse neben vielen Konzerten statt. Im Ärnerwald direkt über dem Ort am Weg zur Alpe Frid befindet sich auf etwa 1500 m eine hübsche Kapelle (Jungfrau Maria), ein früher vielbesuchter Wallfahrtsort. 1962 wurde sie im alten Stil sorgfältig restauriert. Gruppenunterkunft; weitläufiges Wandergebiet.

Binn (Schmidigehischere), 1400 m
Ruhiger Hauptort im Binntal, elegante Bogenbrücke (1564) über die Binna, daneben die barocke Antoniuskapelle. Binn war die erste Gemeinde in der Schweiz, die keinen Zweitwohnungsbau zuließ, was der Erhaltung der Natur in der Region sehr zugute kam und so dem Naturschutzgebiet eine

gediegene Grundlage verschafft hat; Mineraliensammlung, Campingplatz. Das Binntal ist darüber hinaus ein „Mineralien-Schatzkästlein", nirgendwo sonst in der Schweiz gibt es – Grund ist die geologische Beschaffenheit dieses Gebietes – vergleichbar reichhaltige und exklusive Kristallfundstellen wie hier. Eine Reihe von Mineralien wurde bisher ausschließlich hier gefunden. In früherer Zeit wurde die Kristallsuche kommerziell betrieben, heute kann man in der Abraumhalde der Grube Lengenbach sein Glück versuchen. Darüber hinaus besonders reiche Pflanzenwelt.

Simplon-Dorf, 1460 m
An der Simplon-Südrampe gelegen, wundervoll ruhig geblieben, mit schon recht südlichem Charakter; Landesgrenze nach Italien weiter talwärts in Gondo vor der berühmten Gondoschlucht. Herrliches, wenig bekanntes Wander- und Bergtourenrevier! Gruppenunterkünfte.

Zwischbergen, 1359 m
Kleine Ansiedlung im gleichnamigen Tal, das bei Gondo von der Simplonpass-Straße abzweigt. Kaum bekanntes und daher noch wirklich ruhiges Wandergelände zwischen der Weissmiesgruppe im Westen und dem Leone im Norden. Kurvenreiche und schmale Straße von Gondo. Leider ist der Bach, das „Grosse Wasser", wegen Energiegewinnung zu einem kleinen Rinnsal degradiert worden. Der obere Talbereich hat jedoch trotz eifrigen Wasserwirtschafts- und Almstraßenbaus noch kaum etwas von seiner Naturschönheit eingebüßt.

Brig, 684 m
Hauptstadt des Oberwallis am Knotenpunkt der Eisenbahn- und Straßenverbindungen vom Lötschberg (Bern), Furka (Zentralschweiz), Simplon (Italien) und durch das Rhônetal (Genfer See), damit zentral gelegener Stützpunkt für alle Unternehmungen im Oberwallis. Autoverladung am Lötschberg und Simplon. Sehenswerte Altstadt mit regem Leben, Geschäften und Straßencafés; weithin bekannt ist auch das Stockalperschloß (17.Jh.), der größte Palast in der Schweiz. Camping. Tennis, Squash, Schwimmbäder und Thermalbad in Brigerbad, Minigolf und Kino. Ungezählte Wandermöglichkeiten in der Umgebung, reichhaltiges Programm an organisierten Ausflugsfahrten.

Visp, 651 m
An der Einmündung des Vispatales (Matter- und Saasertal) ins Rhônetal. Station der SBB (Rhônetal) und der BVZ (nach Zermatt), große Postbusstation. Damit lassen sich von hier praktisch alle Ziele im Oberwallis sehr günstig erreichen. Sehenswerte Altstadt mit verwinkelten Gassen und histori-

schen Gebäuden (bis zurück ins 12. Jh.), mit durchaus südländischem Eindruck. In den Fußgängerzonen zunehmend auch abends munteres Treiben mit Straßencafés, Musikdarbietungen u.ä.
Das zweite Gesicht von Visp ist das Lonza-Werk, ein Chemie-Großbetrieb und größter Arbeitgeber im ganzen Oberwallis – Klagen über hiervon ausgehende Lärm- und Geruchsbelästigungen sind schon sehr alt und waren wohlberechtigt, in den letzten Jahren ist es jedoch deutlich besser geworden!
Trockenes und sonnenreiches Klima, im Hochsommer gelegentlich wirklich heiß, doch selten schwül! Jugendherberge, Gruppenunterkunft; mehrere Campingplätze, mit Freibad, Tennis, Reiten und anderen Sportmöglichkeiten. Ungezählte Ausflugsziele in die nähere Umgebung, besonders in das Matter- und das Saasertal.

Visperterminen, 1340 m
Bergdorf in sonnen- und aussichtsreicher Lage hoch über dem Vispertal. Interessanter alter Dorfkern mit engen und verwinkelten Gassen und Steigen zwischen den im typischen Walliser Stil erbauten Häusern; das Holz der hier allgegenwärtigen Lärche – im Laufe der Jahrhunderte von Sonne und Wetter fast schwarzbraun gefärbt – ist das dominierende Baumaterial. Visperterminen kann sich mit Zeneggen als die Gemeinde mit Europas höchstgelegenem Weinberg rühmen (bis auf 1100 Meter ü.NN). Das Wasser wurde früher in langen Kanälen aus dem Nanztal um den Rücken des Gebidum herumgeleitet, heute besorgt dies ein Stollen durch den Berg, schöne Wandermöglichkeiten an den alten Leitungen. Gruppenunterkünfte.

Zeneggen, 1369 m
Zeneggen hat eine uralte Geschichte, die bis in die Bronzezeit zurückreicht (in einer 1982 erschienenen umfangreichen Chronik, „Kleine Wunderwelt Zeneggen“, wird die Historie des Ortes eingehend geschildert). Auf den Terrassen der Zenegger Felder wurde jahrhundertelang hervorragendes Korn als Saatgut für viele Gegenden in der Schweiz angebaut.
Von 1937 bis 1941 baute der damalige Ammann (Bürgermeister) J.Kenzelmann die berühmt gewordene Wasserleitung Augstborderi (Tour 36).

Bürchen, 1200-1650 m
Verstreut liegende Gemeinschaft kleiner Siedlungen, mit den Nachbargemeinden Unterbäch und Eischoll hoch über Visp-Turtmann. Schöne Ausgangspunkte für aussichtsreiche Wanderungen auf der blumenreichen Almterrasse über dem Rhônetal. Skiliftanlagen mit ihren Nebenerscheinungen reichen bereits bis weit ins Ginalstal.

Stalden, 800 m
Kleiner Ort, auf einem Felshügel über dem Zusammenfluß der Saaser- und Matter-Vispa gelegen. Schönes altes Dorfzentrum mit neubarocker Pfarrkirche (Hochaltar aus der alten Kirche von Hérémence). Bekannt sind auch die alten Brücken über die Vispa-Schlucht.
Bahnstation der Linie Visp-Zermatt, Straßen ins Saastal und ins Mattertal bis Täsch, dazu über Törbel zur Moosalp und auf der gegenüberliegenden Seite nach Staldenried. Dorthin auch mit einer Seilbahn, die weiter in das autofreie Gspon führt.

Grächen, 1619 m
Bekannter Ferienort auf der Sonnenterrasse über dem Mattertal, mit großartigem Gebirgspanorama: Weisshorn und Brunegghorn präsentieren sich von ihrer Schauseite. Der Ort ist erst seit 1954 auf einer Straße von St.Niklaus erreichbar, davor war das Maultier das übliche Transportmittel auf steilem Bergpfad, heute eine schöne Wanderung.
Viele Kilometer historische Wasserkanäle, die auch heute noch – wenn auch streckenweise verrohrt – die Bewässerung der Wiesen und Felder sicherstellen. Grächerwald mit vielen Wandermöglichkeiten. Seetalhorn- und Hannigalp-Gondelbahnen, wunderschöne Aussichtspunkte; leider hat auch hier der Ausbau des Skigebietes einige Wunden am Berg und den großartigen Zirben- und Lärchenbeständen besonders im Bereich der Waldgrenze hinterlassen. Tennis, Squash, Kegeln, Vita Parcours, Curling, Minigolf, Hallenbäder und ein Kinder-Erlebnisparadies an der Hannigalp. Gruppenunterkünfte.

Saas Almagell, 1660 m
Von allen Saaser Gemeinden wohl noch der ruhigste Urlaubsort. Bescheidene Liftanlagen nach Furggstalden. Gruppenunterkünfte. Großartiges Wandergelände in blumenreichem Wiesengelände und herrlichen Lärchenwäldern bis in die hochalpine Region. Besichtigung der Kraftwerksanlagen (Mattmark-Stausee).

Saas Grund,1559 m
Hauptort des Saastals, vor der touristischen Entdeckung von Saas Fee auch dessen wirtschaftliches Zentrum. Wunderschönes Wandergelände, aber auch Ausgangsort für hochalpine Unternehmungen. Durch die zentrale Lage günstiger Stützpunkt für alle Unternehmungen im Saastal. Gondelbahn über Kreuzboden nach Hohsass am Rande der Gletscher unter der Weissmies. Bergsteigerschule, Sportzentrum mit Tennis, Hallenbad. Gruppenlager, mehrere Campingplätze.

Mischabel-Gruppe vom Weg zur Almagelleralp (Tour 24).

Saas Fee, 1790 m

Malerisches Bergdorf in einer Runde bekannter Viertausender, die aus gewaltigen Gletscherströmen herausragen. Moderner Ferienort mit allem was dazugehört, trotz des Tourismus-Booms noch überschaubar geblieben. Das Dorf ist autofrei, hat Bergbahnen in drei Himmelsrichtungen (Plattjen, Mittelallalin, Felskinn und Hannig), teilweise in verwegen wildes Gletschergelände; Gruppenunterkünfte, Camping. Freizeitzentrum mit Tennis, Hallenbad, Saunas u.a., Bergsteigerschule mit großem Führungstourenprogramm, diverse Veranstaltungen für Gäste. Gebührenpflichtige Parkplätze am Ortseingang (auch Parkhaus), Postbusverkehr von Visp.

Die Zufahrtstraße existiert erst seit 1951, vorher war der hübsche Kapellenweg von Saas Grund für die Besucher das beeindruckende „Entree" in dieses Paradies vor den Gletschern. Großartige Ausflugs- und Wandermöglichkeiten direkt vom Ort aus, auf fast allen kommt man aber auch mit den Bergbahnen in Berührung; das erspart natürlich einiges an Aufstiegsmühen, wer aber wirklich Ruhe sucht, wird schon noch einige Meter laufen müssen. Die Ausblicke in den Talkessel sind einzigartig im Alpenraum. Von 1949 bis 1978 lebte der große deutsche Dichter und Dramatiker Carl Zuckmayer im Gletscherdorf. Dort ist er auch begraben.

Zermatt, 1616 m

Weltbekannter Kurort und bergsteigerischer Mittelpunkt der Walliser Alpen. Im Kranz der umgebenden Viertausender nimmt zweifellos das Matterhorn als Wahrzeichen von Zermatt (und der ganzen Schweiz!) eine Sonderstellung ein. Zermatt ist autofrei, sehr gute Zugverbindung mit Täsch (gebührenpflichtige Parkmöglichkeiten). Jugendherberge, Gruppenunterkünfte und Campingplatz. Tennisanlagen, Squash und Hallenbäder mit Saunas, Curling, Kegelbahnen, Minigolf und Vita Parcours. Bergführerbüro mit großem Angebot an geführten Wanderungen und Bergtouren. Talort für zahlreiche SAC-Berghütten, Bergvelo-Wege, Gleitschirmfliegen.
In der zentral gelegenen Bahnhofstraße herrscht oft beängstigendes Gedränge, doch in einigen der Nebengassen finden sich noch schöne Häuser-Ensembles und ruhigere Fleckchen; dazu gibt es ein Alpines Museum und Kunstgalerien; elektrischer Autobus. Bergbahnen in die Bereiche von Unterrothorn, Gornergrat und Klein Matterhorn – Schwarzsee. Ohne diese wären viele Wanderungen ruhiger und wesentlich anstrengender, so aber kann man die schönen Erlebnisse eines Tages am Abend gemütlich im Tal nachklingen lassen. Allerdings werden auch zukünftig für echte Bergerlebnisse einige Schweißtropfen zu opfern sein!

Täsch, 1450 m

Den meisten Wallis-Reisenden leider nur als Umsteigestation vom Auto in die BVZ-Bahn nach Zermatt ein Begriff. Trotzdem ein sehenswertes Dorf am Ende der Straße nach Zermatt mit den Parkplätzen für die Zermatt-Besucher. Schöner Dorfkern mit alten Häuserzeilen, wunderschöne Wander- und Spaziermöglichkeiten in die umliegende Bergwelt und die Region Zermatt. Campingplatz.

Randa, 1409 m

Kleiner Ort zu Füßen von Weisshorn und Dom mit alten, sonnenverbrannten Holzhäusern. Schmuckes Bergdorf als Ausgangspunkt für einen Urlaub im Mattertal, wenn es erheblich ruhiger zugehen soll als im renommierten

Der Weiler Täschberg über dem Mattertal mit dem Weisshorn (Tour 30).

Zermatt; gute Verbindungen dorthin (BVZ-Station). Vita Parcours, Tennis, Hallenbad (Hotel), Golf. Gruppenunterkünfte, Campingplatz.

St.Niklaus, 1116 m
Im mittleren Mattertal gelegen, Station der Brig-Visp-Zermatt-Bahn; Abzweigung der Straße nach Grächen, Seilbahn nach Jungu mit schönem Wandergebiet. Tennis- und Sportplätze, Vita-Parcours.

Mund, Eggerberg, Ausserberg, Baltschieder, Hohtenn
Sonnige Dörfer im Bereich der Lötschberg-Südrampe, der von Brig nach Goppenstein zum Lötschberg-Tunnel ansteigenden BLS-Bahnlinie mit großartigen Kunstbauten und prächtigen Ausblicken auf die Walliser Alpen. Die Trockenheit an diesen prallen Südhängen machte den Bau teilweise verwegenst geführter Wasserleitungen notwendig, nunmehr zugänglich als ideales Wandergelände.

Raron, 638 m
Kleiner Ort an der Mündung des Bietschbaches ins Rhônetal; berühmte Felsenkirche (1972-74) im Hügel unter der alten Burgkirche, 1512 aus einer Burg zur Kirche umgebaut. Bekannt auch durch das Grab von Rainer Maria Rilke. Campingplatz.

Kippel, 1376 m
Hauptort des noch wundervoll ruhigen Lötschentals mit großartigen Wandermöglichkeiten am Fuß des Bietschhorns. Seilbahn zur Lauchernalp (Lötschentaler Höhenweg), Lötschentaler Museum. Alle Gemeinden im Lötschental haben sehenswerte, guterhaltene Ortsbilder; Gruppenlager, Campingplatz (in Kippel).

Leuk, 731 m
Wenig oberhalb der Einmündung des Leukerbaches ins Rhônetal, an großen Weinbergen gelegene Stadt mit historischem Zentrum (z.B. Bischofsschloß von 1150, Ringackerkapelle (1694), Rathaus aus dem 13.Jh., Pfarrkirche mit Turm vom 11.Jh.). Campingplätze in der Umgebung. Wenig über dem Ort zweigt von der Straße nach Leukerbad die Zufahrt zu den herrlich gelegenen Weilern Guttet, Feschel, Bratsch und Erschmatt ab, mit großartigen Blicken über das Rhônetal ins Wallis. Traumhaft schönes und abwechslungsreiches Wandergelände.

Leukerbad, 1402 m
Weit über die Walliser Grenzen hinaus bekannter Thermal-Badekurort in wunderschöner Landschaft unter dem Gemmipass (historischer Bergweg). Ungeheuer reichhaltiges Sportangebot, nicht nur mit den für Alpenorte üblichen Disziplinen: Leichtathletik, Fußball, Hallensportarten, Tennis, Squash und vieles mehr – weitläufige Wanderregion. Seilbahnen auf Gemmi (Übergang ins Kandertal) und Torrent mit schönen Höhenwegen. Gruppenunterkünfte, Camping. Weniger erfreulich sind die Pläne zur weiteren Lift-Erschließung der herrlichen Hänge von Torrent in Richtung Albinen (Leuker Sonnenberge).

Sierre (Siders), 537 m
Schönes Städtchen im Mittelwallis nahe der Sprachgrenze, IC-Bahnstation der SBB-Linie Lausanne – Simplon. Mehrere historische Gebäude, burgartige Profanbauten wie der Wohnturm vom Château des Vidomnes (Viztumschloß) bestimmen das Ortsbild. Schöne alte Ortsteile wie „Villa“ oder „Muraz“. Das sonnenreiche und trockene Klima verleiht der Region ein südländisches Flair mit regem Treiben auf den Gassen – Straßencafés, Weinlokale und viele gute Restaurants; viele Sportmöglichkeiten wie Ten-

SAURER

nis, Hallen- und Seebad, Reiten oder Golf. Das Umland wird geprägt von Obstplantagen und Weinbergen soweit das Auge reicht; hoch oben am Südhang der Berner Alpen muß man allerdings auch die wenig erfreulichen Tourismus-Auswirkungen in Form der völlig unpassenden Hotel-Hochhäuser von Montana-Crans entdecken, die weit ins Tal hinab „grüßen“. Viele Ausflugsmöglichkeiten bieten sich in der näheren Umgebung von Sierre an, wie beispielsweise ins Val d'Anniviers, nach Leukerbad, zum unterirdischen See in St. Léonard, in den Pfynwald oder zum wilden Illgraben; Babyland-Park mit vielen Attraktionen. Gruppenunterkunft, Camping.

Vissoie, 1204 m
Hauptort des Val d'Anniviers vor dessen Verzweigung nach Zinal und Moiry. Schönes altes Dorfzentrum mit historischen Gebäuden: Turm aus dem 13./14.Jh., Marienkapelle (1688), Kirche (1809) mit Glockenturm aus dem Jahr 1745. Günstiger und zentral gelegener Stützpunkt für alle Unternehmungen im Val d'Anniviers, Campingplatz.

Zinal, 1675 m
Ehemaliges Maiensässdorf, also früher nicht ganzjährig bewohnt. Straßenanschluß erst Ende der 50er Jahre, davor touristisch gesehen eher ein weißer Fleck inmitten wildester Landschaft. Neben einer ehemals kurzen Sommersaison nun auch im Winter durch Seilbahnerschließung des Sorebois-Gebietes reger Fremdenverkehr, wenn auch nicht vergleichbar mit dem Massentourismus im benachbarten Mattertal! Ausgangspunkt für eine Vielzahl großartiger Wanderungen in alle Himmelsrichtungen. Gruppenlager, Campingplatz. Tennis, Hallenbad, Minigolf, geführte Wanderungen und Alpintouren (Bergführerbüro).

Grimentz, 1564 m
Am Beginn des Moirytales wenig oberhalb der Abzweigung vom Zinaltal gelegen. Bekannt für sein wunderschönes Dorfbild mit blumengeschmückten, sonnenverbrannten Holzhäusern, das Ortszentrum ist glücklicherweise für den Autoverkehr gesperrt. Gondelbahn zur Alpe Bendolla, die weiten Mulden zwischen Roc d'Orzival und Becs de Bosson sind als Liftgebiet erschlossen – hoffentlich wird man sich mit diesem Bereich begnügen! Gruppenunterkünfte, Campingplatz.

Im Val d'Hérens führt die Straße bei Euseigne durch eine Zone imposanter Erdpyramiden, Relikte riesiger Geröllmoränen eiszeitlicher Gletscher.

Vercorin, 1322 m
Hoch über dem Eingang ins Val d'Anniviers gelegen, alter Dorfkern. Weitläufiges Wandergelände. Seilbahn von Chalais (Rhônetal). Tennis, Minigolf, Reiten, Bergvelo-Wege; Seilbahn zum Liftgebiet am Crêt du Midi.

Sion (Sitten), 491 m
Hauptstadt des Kanton Wallis und seit 580 Bischofsstadt in einem von der Sonne verwöhntem, trockenem Klima. Umgeben von riesigen Rebbergen und Obstplantagen, dazu etwas Industrie, Flughafen und IC-Anschluß ans internationale Bahnnetz. Auffällig sind die beiden Hügel in der Stadt, auf dem einen (Valère) steht die bekannte und sehenswerte Wallfahrtskirche Notre Dame mit dem Kulturhistorischen Museum, auf dem anderen (Tourbillon) sind nur noch die Ruinen einer Burganlage aus dem 13.Jh. erhalten. Weitere Sehenswürdigkeiten: Rathaus aus dem Jahre 1657/65, Kathedrale Notre Dame (12.Jh., spätgotische Kirche), Hexenturm an der ehemaligen Stadtmauer, Theodulskirche (1514-16). Zentrum für Ausflugsfahrten im ganzen Unterwallis (z.B. Postbusreisen). Gruppenunterkunft, Camping.

Evolène, 1371 m
Hauptort des Val d'Hérens mit sehr vielen noch im ursprünglichen Stil erhaltenen Häusern. Charakteristisch sind die schmalen und vielstöckigen, aus dunklem Lärchenholz erbauten Holzhäuser, aber auch Steinfassaden mit netten Malereien. Das ganze Val d'Hérens bietet eine im Sommer noch ruhige Wanderregion in großartiger Landschaft. Wenn auch von den 4000ern nur die Dent Blanche im direkten Talbereich steht, sind die anderen Gipfel kaum weniger eindrucksvoll. Gruppenlager, Campingplatz.

Les Haudères, 1436 m
Wunderschön an der Verzweigung des Val d'Hérens (Arolla und Ferpécle) gelegener Ort ohne den großen Touristenrummel. Von kleinen Wanderungen bis zu großen Bergtouren wird hier alles geboten, eine ideale Ferienregion für den, der einmal etwas abseits der Moderouten in dennoch großartiger Landschaft unterwegs sein möchte.
Neben Neubauten gut erhaltener Dorfkern, Campingplatz.

Arolla, 1998 m
Höchste Siedlung im gleichnamigen obersten Seitental des Val d'Hérens. Vor noch nicht allzu langer Zeit war dieser großartige Talschluß im Winter allenfalls zu Fuß erreichbar. Nun hat sich ein bescheidener Tourismus entwickelt, die Straße wurde ausgebaut, im Winter Liftbetrieb bis zum Pas de Chèvres, im Sommer Wanderparadies und Hochtourenstützpunkt, kaum einen Steinwurf von den großen Eisströmen entfernt. Die Häuser (Hotels und

Appartements) liegen verstreut in einem wunderschönen lockeren Zirben- und Lärchenwald. Wie nahezu überall im Wallis, wird auch hier die Wasserkraft intensiv genutzt. Hoffentlich bleibt dieser Talschluß vor weiterer Skierschließung verschont, das bisherige touristische Angebot sollte wohl ausreichen! Gruppenunterkünfte, Campingplatz.

Nax, Vernamiège, Mase, St-Martin
Kleine Orte hoch über dem Val d'Hérens am Westhang unter dem Mt. Noble. Sehenswerte Dorfzentren, gute Aussicht. Tennis, Bergvelo-Wege, Alp-Führungen, Thermalquelle Combioula, Römerbrücke Praz-Jean.

Vex, Veysonnaz, Nendaz, Isérables, Mayens de Riddes
Dörfer auf den Almterrassen südlich über dem Rhônetal, z.T. im Bereich des „4-Täler"-Skizirkus. wunderschöne alte Orte bzw. moderne Chalet-Siedlungen. Hochentwickelte Sport-Infrastruktur, schönes Wandergelände.

Martigny (Martinach), 476 m
Hübsches Städtchen mit südländischem Charme am Rhôneknie, Abzweigung der Chamonix- und Aosta-Routen. SBB-Station, Bahnen nach Chamonix (MC-Bahn) und Orsières (MO-Bahn; Val d'Entremont, Grand St.Bernard). Schon lange vor der Zeitwende besiedelt, Römisches Forum, interessante Ausgrabungen; archäologisches Museum, gallo-römisches Museum mit Kunstausstellungen. Historische Bauten wie z.B. das mittelalterliche Schloß La Bâtiaz mit Savoyardenturm hoch über der Stadt. Schöne Platanen-Allee mit schattigen Straßencafés. Gruppenunterkünfte, Camping.
Ausgangspunkt für herrliche Wanderungen, große Rundtouren wie die „Tour du Combins" oder die viel bekanntere „Tour du Mont Blanc" lassen sich von hier gut starten; wunderschönes Alm- und Waldgelände am Rücken zum Pas du Lin. Interessantes Biotop „Follatères" an den Trockenhängen direkt über der Rhônebiegung.

Sembrancher, Orsières, Bourg St-Pierre, Champex, Ferret
Diese Orte an der Verbindung Mont Blanc – Wallis bieten in herrlicher Umgebung Urlaubsmöglichkeiten ohne den sonst so häufigen Rummel. Bahnverbindung nach Martigny, Bustouren über den Gd-St-Bernard nach Aosta.

Verbier, ca. 1500 m
Einer der bekanntesten Wintersportorte im Bereich der „4 Täler", zwischen Pierre Avoi und Mont Fort ist praktisch jeder Hang mit Liften oder Almstraßen voll erschlossen. Von deren Spuren allerorten einmal abgesehen bietet sich diese Region für herrliche und aussichtsreiche Wanderferien gera-

dezu an. Im Ort finden sich nahezu alle Einrichtungen, die sich ein „moderner“ Urlauber wohl wünschen mag. Gruppenunterkünfte. Eldorado für Gleitschirm- und Drachenpiloten sowie für Bergradler.

Fionnay, 1490 m
Kleiner Ort in dem hier sehr schmalen und wilden Val de Bagnes, auffällig die Einrichtungen der E-Werke Grande Dixence mit zwei Rückhaltebecken und der Umspannstation (Kavernenkraftwerk). Weiter oben verbreitert sich das Tal wieder mit der Siedlung Bonnatschiese, bis die Straße in einigen Kehren bis zur Staumauerkrone des Lac de Mauvoisin hinaufführt.

Salvan, Les Marécottes, Châtelard, Trient
Dörfer in herrlicher Wanderregion an der Verbindung Martigny – Chamonix (Bahnlinie, Postbus). Auch hier finden sich noch ruhige und aussichtsreiche Unternehmungen im Randbereich des Wallis. In Marécottes Alpenzoo, Schluchten von Trient, Durnand und Triège; Stausee Emosson.

Die Täler

Rhônetal
Die Rhône, im Oberwallis Rotten genannt, nimmt ihren Beginn am Rhônegletscher (Urner Alpen). Sie zieht mit zwei Talstufen (zwischen Gletsch und Oberwald sowie bei Fiesch) in südwestlicher, ab Brig in einem breiten Becken mehr in westlicher Richtung bis Martigny, wo sie im rechten Winkel nach Norden zum Genfer See abbiegt. Die gute Abschirmung durch hohe Gebirgszüge nach allen Himmelsrichtungen sorgt für die legendäre Niederschlagsarmut und hohe Zahl an Sonnentagen in dieser Region. Das gesamte Rhônetal einschließlich der beiderseitigen Gipfelkämme bis zum Genfer See bildet den Kanton Wallis. Eine stark ausgeprägte Sprachgrenze verläuft wenig östlich von Sierre und trennt den Kanton in einen oberen, deutschsprachigen und einen unteren, französichsprachigen Teil.
Ein Drittel der Bevölkerung lebt vom Tourismus, ein wichtiger Wirtschaftsbereich ist jedoch auch die Landwirtschaft mit Viehzucht im Goms und den Seitentälern, in der tieferen Lagen der Wein-, Obst- und Gemüseanbau. Industrie hat im wesentlichen von Visp rhôneabwärts Fuß gefaßt.

Seitentäler
Die Seitentäler sind auf der Nordseite verhältnismäßig kurz und steil; Ausnahme davon machen die Talfurchen des Fiescher- und des Aletschgletschers sowie das Lötschental, die alle aus dem zentralen Teil der Berner Alpen herabziehen; dabei ist nur das Lötschental auch weiter taleinwärts besiedelt.

Südseitig münden im Goms ebenfalls nur kurze Seitentäler, von Bedeutung ist hier nur das Binntal, auch vom Simplon zieht nur ein steiles, kurzes Tal (Saltina-Schlucht) herab. Die Vispatäler stellen das geografische und auch touristische Zentrum der Walliser Alpen dar: Im Saaser- und Mattertal finden sich die berühmtesten Gipfel der Schweiz, die Orte Saas Fee und Zermatt haben Weltbekanntheit erlangt. Bei Stalden vereinigen sich beide Täler und münden bei Visp ins Rhônetal. Nach dem kurzen, aber sehr interessanten und noch ruhigen Turtmanntal folgt weiter im Westen bei Sierre das Val d'Anniviers mit beeindruckendem Gipfelrund um Zinal, oberhalb von Vissoie zweigt hier das kurze Moirytal mit dem gleichnamigen Stausee ab. Das Val d'Hérens mündet in der Nähe von Sion ins Rhônetal, es teilt sich bei Les Haudères in die Gletschertäler von Ferpècle und Arolla; nahe der Mündung ins Rhônetal vereinigt es sich mit dem Val d'Hérémence (Dix-Stausee). Als letztes großes Seitental kommt bei Martigny das Drance-Tal aus der Gegend des Großen-St.-Bernhard-Passes dazu; es nimmt bei Orsières das Val Ferret auf, bei Sembrancher vereinigt es sich mit dem Val de Bagnes (Mauvoisin-Stausee) und umschließt damit die Combingruppe.

Tips für Regentage

Dieser Abschnitt soll nun nicht den Eindruck erwecken, daß es im Wallis mit dem weiter vorne so vielgepriesenen Schönwetter nicht so weit her sein könnte; wir befinden uns hier aber schließlich nicht in einer Wüste, und so bleibt eben gelegentlich die Sonne hinter Wolken verborgen! Dann kann man sich aber leicht damit trösten, daß an solchen Tagen auch in der weiteren Umgebung kaum besseres Wetter herrscht!
Über das allgemeine touristische Angebot in den verschiedenen Orten wurde vorne schon das Wichtigste aufgezählt; im Folgenden sind noch einige Attraktionen ohne Anspruch auf Vollständigkeit zusammengestellt:
Thermalbäder in Mörel, Brigerbad, Leukerbad, Saillon les Bains, Val d'Illiez.
Angelmöglichkeiten im Obergoms, in Grächen, Bettmeralp, Naters, Sierre, Crans-Montana, St-Luc oder in Mayens de Riddes.
Fischzucht in Biel, Forellenzucht mit Besichtigung und Lokal am Blausee (Kandersteg, Lötschberg-Linie).
„Wild-River-Rafting“ (Wildwasser-Schlauchbootfahrten) im Obergoms auf der Rotten.
Natur-Schönheiten:
- Unterirdicher See mit Bootsfahrt in St-Leonard.
- Grotten in Rawil (Anzère).
- Gletscher-Eisgrotten in Saas Fee (Feegletscher) und an der Furkastraße (Rhônegletscher).

- Schöne Wasserfälle im Val d'Réchy (Vercorin).
- Gletschergarten in Zermatt.
- Erdpyramiden bei Euseigne (Val d'Hérens).

Schluchten:

- Massaschlucht (Steig von Ried nach Blatten projektiert).
- Gondoschlucht an der Simplonstraße.
- Illgraben bei Susten (oberer Teil nur schwierig begehbar).
- Feschelbach bei Agarn (nur wenige Meter begehbar, Klettergarten).
- Val d'Anniviers bei Pontis (unbegehbar, nur von der Straße aus zu besichtigen).
- Gorges du Trient bei Martigny (angelegter Steig).

Alte *Kupfermine* in Zinal.

Mineraliensammlungen im Binntal und in Brig.

Gigantische *Talsperren*: Mattmark, Moiry, Dix (höchste Staumauer Europas), Mauvoisin und Emosson.

Museen:

- Naturhistorisches Museum in Sion.
- Heimatkundliche Museen in Brig, Saas, Eggerberg, Kippel, Sion.
- Alpines Museum in Zermatt und Bern (SAC).
- Weinmuseum in Sierre.
- Archäologisches Museum in Martigny.
- Automuseum in Martigny.
- Zinnmuseum in Sierre.

Weinkeller mit Besichtigung in Sierre, Sion, Martigny oder Raron. Weindegustationen (Weinproben) in fast allen größeren Weinorten, Auskünfte in den Verkehrsämtern.

Natürlich werden allerorten Konzerte, Dia- und Film-Vorträge über die Region veranstaltet, interessante Exkursionen (Kräuter, Blumen, Foto, Alp- und Käsereibesichtigungen, etc.) organisiert oder besondere Attraktionen wie Brotbacken (Verbier, Grimentz) und anderes angeboten. Richtige „Musikwochen" finden in Ernen, Grächen, Leukerbad, Sion und Martigny statt. Dazu Theater (auch Freilicht-Aufführungen, regelmäßig z.B. in Brig) und auch Open-Air-Festivals. Althergebrachte Veranstaltungen, zu fast jeder Zeit findet irgendwo ein Dorffest, Umzug oder Treffen der verschiedensten Gruppen und Vereine statt (z.B.: Fasnachtsumzüge, Tambouren- und Pfeiferfeste, Fronleichnams-Prozessionen, Bergführerfeste, Musikfestivals, Alpaufzüge und Schäferfeste). Berühmte (völlig unblutige!) Ringkuhkämpfe mit Volksfestcharakter ab Ende Juni vor allem im Mittelwallis und im Val de Bagnes. Organisation von Ausflugsfahrten (Verkehrsämter) mit Postbussen oder der Bahn zu fast allen Sehenswürdigkeiten, auch z.B. ins Tessin (Simplon), nach Bern (Lötschberg), nach Aosta (St.Bernard) oder an den Genfer See.

Wichtige Telefonnummern:

Schweizer Verkehrbüros

Frankfurt: 069 2560010.
Düsseldorf: 0211 80913.
Hamburg: 040 321469.
München: 089 333018.
Stuttgart: 0711 296545.
Wien: 0222 5127405.
Amsterdam: 020 222033.
Brüssel: 02 2180205.

Schweizer Verkehrszentrale, Zürich: 01 2881111.

Walliser Verkehrsverband, Sion: 027 223161.

Örtliche Verkehrsbüros, Züge, Busse

Oberwald: 028 732203.
Münster: 028 732254.
Reckingen: 028 732165.
Bellwald: 028 711684.
Fiesch: 028 711466.
Lax: 028 711571.
Ernen: 028 711562.
Binn: 028 714547.
Bettmeralp: 028 271291.
Riederalp: 028 271365.
Blatten: 028 231385.
Simplon: 028 291134.
Brig: 028 231901.
Visp: 028 466161.
Grächen: 028 562727.
Saas Almagell 028 572653.
Saas Grund: 028 572403.
Saas Fee: 028 571457.
Zermatt: 028 661181.
Täsch: 028 671689.
Randa: 028 671677.
St.Niklaus: 028 561615.
Ausserberg: 028 461273.
Lötschental (Wiler): 028 491388.
Turtmann: 027 631638.
Susten/Leuk:027 631094.
Leukerbad: 027 621111.
Sierre, Salgesch: 027 558535.
Crans: 027 412132.
Montana: 027 413041.
Vissoie: 027 651338.
St-Luc: 027 651412.
Chandolin: 027 651838.
Zinal: 027 651370.
Grimentz: 027 651493.
Vercorin: 027 552681.
Sion: 027 228586.
Hérémence: 027 811533.
Evolène: 027 831235.
Les Haudères: 027 831015.
La Sage: 027 831280.
Arolla: 027 831083.
Nendaz: 027 881444.
Saxon/Riddes:026 441324.
Martigny: 026 221018.
Sembrancher: 026 88206.
Verbier: 026 316222.
Lourtier (V.de Bagnes): 026 71322.
Orsières: 026 831531.
Liddes: 026 831751.
Bourg St-Pierre: 026 871141.
BLS Goppenstein: 028 491702.
Bern: 031 221182.
FO Brig: 028 236666.
BVZ Brig: 028 231333.
Reisepost PTT Brig: 028 236657.
Sierre: 027 551692.
Sion: 027 219621.
Martigny: 026 222672.
Vorwahl aus Deutschland: 0041.
Vorwahl aus Österreich: 050.

1 Sidelhorn, 2764 m

Mit geringer Anstrengung zu einem hohen Panoramaplatz

Grimselpass – Sidelhorn und zurück

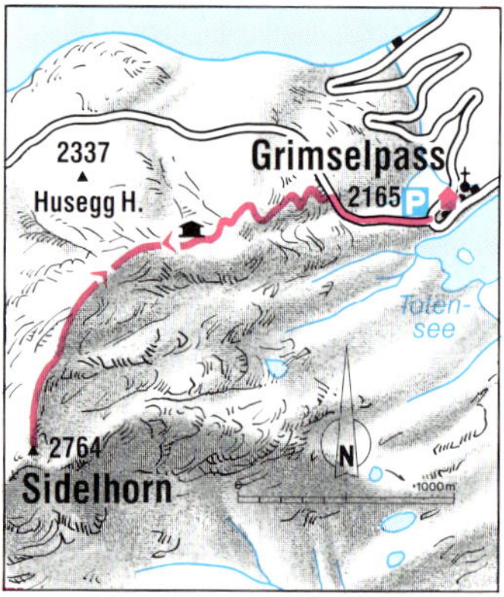

Talort: Gletsch, 1757 m. Busverbindung mit Oberwald (Station der Furka-Oberalp-Bahn).
Ausgangspunkt: Grimselpass, 2165 m. Beliebter und nur im Sommer offengehaltener Paßübergang von der zentralen Schweiz ins Wallis. Landschaftlich besonders beeindruckend ist die nordseitige Auffahrt mit den Yosemite-ähnlichen Plattenwänden aus kompaktem Granit – Sportkletterparadies. Postbusverbindung auf den Paß (4 x täglich, 25 Min. Fahrzeit von Oberwald, 18 km).
Parken: An der Paßhöhe.
Gehzeiten: Aufstieg zum Gipfel 1 3/4 Std.; Abstieg 1 1/4 Std.
Anforderungen: Leichte Wanderung – bis zum obersten Gipfelaufschwung auf sehr gutem Weg, das letzte Stück markierter Pfad durch Blockfeld.
Höchster Punkt: Sidelhorn, 2764 m.
Einkehrmöglichkeit: Restaurants an der Paßhöhe (geöffnet im Sommer, Hotel und Massenlager).
Sehenswertes: Totensee, tiefblaues Auge an der Paßhöhe; große Stauseen an der Nordrampe. Mineralien- und Kristallstube mit Verkauf. Umfassende Aussicht auf den Rhônegletscher und die höchsten Gipfel der Berner Alpen.

Der Grimselpass zählt zu den Höhepunkten einer Schweizer Pässefahrt, mit entsprechendem Betrieb sollte man also im Hochsommer vor allem an Wochenenden hier oben immer rechnen! Die Kraftwerkstraße nördlich unter dem Sidelhorn ist befahrbar bis zum Restaurant am Oberaarsee.
Aufstieg zum Sidelhorn: Bei den Parkplätzen an der großen Kehre auf der Paßhöhe zweigt westseitig die Kraftwerkstraße zum Oberaarsee ab. Man folgt dieser nur etwa 500 m weit bis kurz vor eine Seilbahnstation für den Kraftwerkbetrieb. Ein Wegweiser zeigt den Steig, der im Zickzack-Kurs zwischen den rundgeschliffenen Granithöckern – eine alpine Spielwiese nicht nur für Kinder – auf den Rücken zur **Husegghütte** (geschlossen) führt. Aussichtsreich folgt man weiter dem Gratrücken, der in einem leichten Linksbogen an den aus Blockwerk bestehenden Gipfelaufbau bringt. In kurzen Kehren erreicht man auf dem Steig über die kurze, etwas steilere Flanke den höchsten Punkt.
Rückweg zum Paß auf der gleichen Route.

Der Grimselpass mit dem Totensee, darüber das Sidelhorn.

2 Gerental

Wanderung in ein zerstörtes Paradies

Oberwald – Gerental – Schweif – Oberwald

Talort und Ausgangspunkt: Oberwald, 1368 m. Station der FO-Bahn.
Parken: Von der Hauptstraße über die Rhône durch den Dorfteil Unterwassern. Parkmöglichkeit in lichtem Lärchenwald.
Gehzeiten: Oberwald – Neue Brücke 1½ Std., Brücke – Schweif 1 Std., Rückweg 2 Std.
Anforderungen: Leichte Wanderung ohne jede Schwierigkeit auf deutlichen Pfaden.
Höchster Punkt: Etwa 1850 m, oberhalb Schweif.
Einkehrmöglichkeit: Keine.
Sehenswertes: Dorfkern Unterwassern, Goneri-Schlucht, der Tobel Gonerliwasser. Klettergarten mit eindrucksvollen Granitwänden.

Das Gerental war bis 1986 ein völlig unberührtes Hochtal, in dem der Bach noch rauschte (im Wallis eine Seltenheit). Die Wanderung in dieses herbe Tal brachte Eindrücke wie zu den Pionierzeiten des Alpinismus. Unter dem Vorwand, einen Alm- und Wirtschaftsweg zu bauen, begann das Eidgenössische Militärdepartement (EMD) eine breite und zerstörerische Straße in dieses Tal zu sprengen. Diese Untat ist nun bei der sogenannten Neuen Brücke bei Schärlichwang angelangt (Herbst 1990). Das Wallis ist in vielen Bereichen durch ausufernde Siedlungen, große Stauseen, abgeleitete Bäche und verfallende Kulturlandschaften verändert worden. Eines der traurigsten Beispiele ist diese als Almweg getarnte neue Straße für einen völlig sinnlosen Schießplatz.
Vom Parkplatz bei **Oberwald** über die Goneri und auf schmaler Teerstraße oberhalb der Gonerischlucht hinauf. Nicht empor bis Gere, sondern 300 m vorher nach rechts hinunter in den Talboden der Gerenwasser. Mit mehreren Kehren im Wald höher und nach Osten weiter ins **Gerental**. Bei **Schär-**

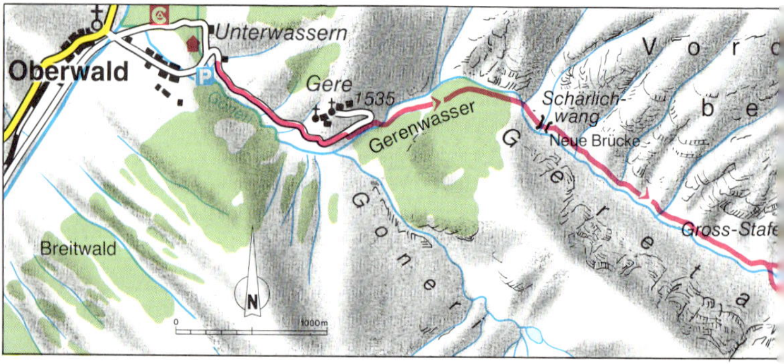

Im wildromantischen oberen Gerental.

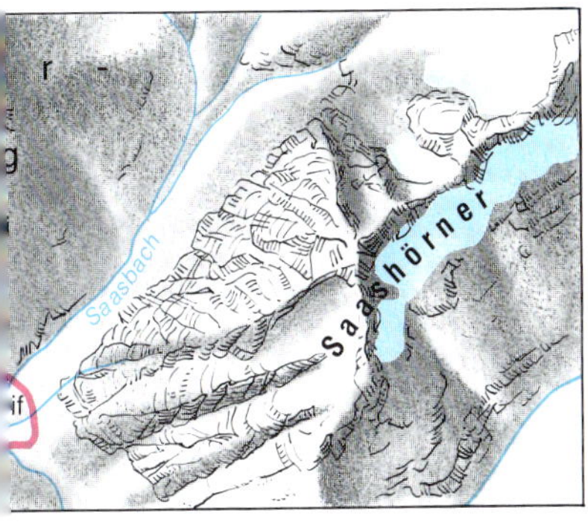

lichwang über die neue Brücke. Auf schönem schmalen Weg östlich des Baches talein bis Gross Stafel und **Schweif**.

Von Nordosten kommt der wunderschöne Saasbach herunter und vereinigt sich hier mit den Gerenwassern.

Wir genießen einen großartigen Blick auf die kleinen Gletscher und die das Tal abschließenden zerrissenen Grate.

Der Rückweg erfolgt auf der gleichen Route.

3 Gommer Höhenweg

Hoch über dem oberen Rhônetal

Bellwald – Reckingen

Talort: Fürgangen, 1120; Dorf oberhalb Fiesch an der Furka-Oberalp-Bahn (40 Min. von Brig, etwa stündliche Fahrten) und der Straße im Goms.
Ausgangspunkt: Bellwald, 1559 m. Ideal mit Seilbahn zu erreichen vom Bahnhof Fürgangen. Die kleine Kabinenbahn ist unbesetzt: Man steigt in die Gondel, telefoniert mit der Bergstation, worauf diese von dort in Betrieb gesetzt wird, Kasse ebendort; Betrieb zwischen ca. 6.00 und 20.00 Uhr.
Parken: An Talstation und Bahnhof.
Gehzeiten: Bellwald – Walibach 3 Std., Walibach – Reckingerbach 1 bis 1½ Std., Abstieg nach Reckingen 1 Std.; gesamt 5 bis 5½ Std.
Anforderungen: Unschwierige und gut markierte Wanderung.
Höchster Punkt: Reckingerbach, ca. 1800 m.
Einkehrmöglichkeiten: Keine, jedoch mehrere Restaurants und Gasthöfe in Bellwald und Reckingen.

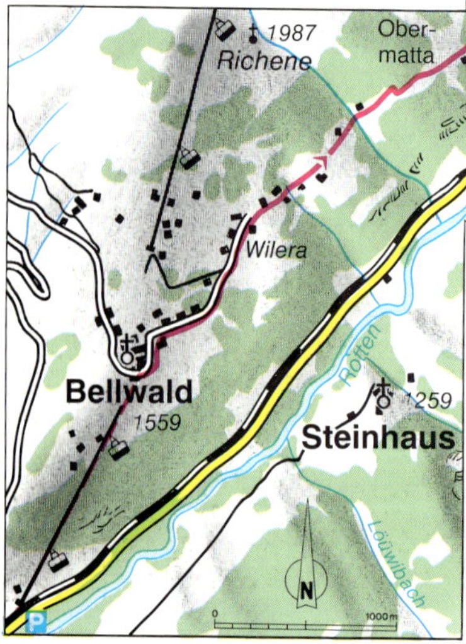

Sehenswürdigkeiten: Sehr instruktiver Blick über das gesamte obere Goms. In Reckingen auf dem Marktplatz gegenüber der Kirche großer Gedenkstein für die 30 Opfer der Lawinenkatastrophe vom 24. Februar 1970. Diese war auch der Grund für die gewaltigen Lawinenverbauungen westlich des Dorfes.

Bis weit in den späten Herbst hinein kann der sonnige Gommer Höhenweg begangen werden.

Der Gommer Höhenweg ist ein Kunstgebilde der Gemeinden des Goms; ein Höhenweg, der das gesamte Goms hoch über dem Tal auf dessen sonniger Nordwestseite begleitet. Die vollständige Strecke führt bis Oberwald, Gehzeit 9 bis 10 Std.

Von der Seilbahnstation in **Bellwald** folgen wir den Wegschildern östlich um das Dorf herum und an schönen Spychern vorbei bergauf. Oberhalb Wilera dem Wegweiser folgend rechts, ziemlich eben auf Wiesen den Hang entlang über einen Bach und oberhalb des Punktes 1622 m zum Bach „Schwarzen Brunnen“ absteigen. Weiter hinunter zur Häusergruppe **Wiler**, 1371 m, oberhalb Blitzingen. Links über den Bach und höher mit zwei Serpentinen zum Punkt 1594 m. Wieder rechts durch Wald, über den Hilperschbach, erneut durch Wald leicht steigend in den Einschnitt des Walibaches mit schönem Blick auf Wasen- und Vorderes Galmihorn. Jenseits des Baches abwechselnd durch Wald und über Wiesen ziemlich eben um einen Bergrücken herum, dem sofort ein zweiter folgt. Von diesem leitet der Pfad in den Grund des Reckingerbachs. Auf dem unteren Weg leicht abwärts, bis rechts ein Pfad nach **Reckingen** abzweigt, der auf die großen Lawinenschutzbauten hinführt. Auf der Straße schließlich in wenigen Minuten zum Dorf und zum Bahnhof. **Rückkehr** nach Fürgangen mit der FO-Bahn.

4 Bättelmatthorn, 3044 m

Wenig bekannter Dreitausender – auch für Bergwanderer

Nufenenstraße – Griespass – Bättelmatthorn und zurück

Talort: Ulrichen, 1346 m; Station der FO-Bahn.
Ausgangspunkt: Nufenenpass-Straße, Abzweigung der Werkstraße zum Griespass, 2303 m. Postbushaltestelle (nur 3 Kurse täglich, Fahrzeit 20 Min. von Ulrichen, 15 km).
Parken: An der Werkstraße.
Gehzeiten: Haltestelle (Paßstraße) – Griespass 1 Std., Weiterweg zum Bättelmatthorn $2^1/_4$ Std.; Rückweg bis zur Straße $2^1/_4$ Std.

Anforderungen: Alpine Bergwanderung auf gutem Weg bis zum Griespass, im obersten Abschnitt zum Gipfel teils Pfadspuren. Trittsicherheit erforderlich.
Höchster Punkt: Bättelmatthorn, 3044 m.
Einkehrmöglichkeit: Keine.
Sehenswertes: Hervorragender Aussichtsgipfel. Der Griesgletscher reicht bei voll aufgestautem Griessee bis in das Wasser, das gelegentliche Kalben verleiht der Landschaft arktische Züge.

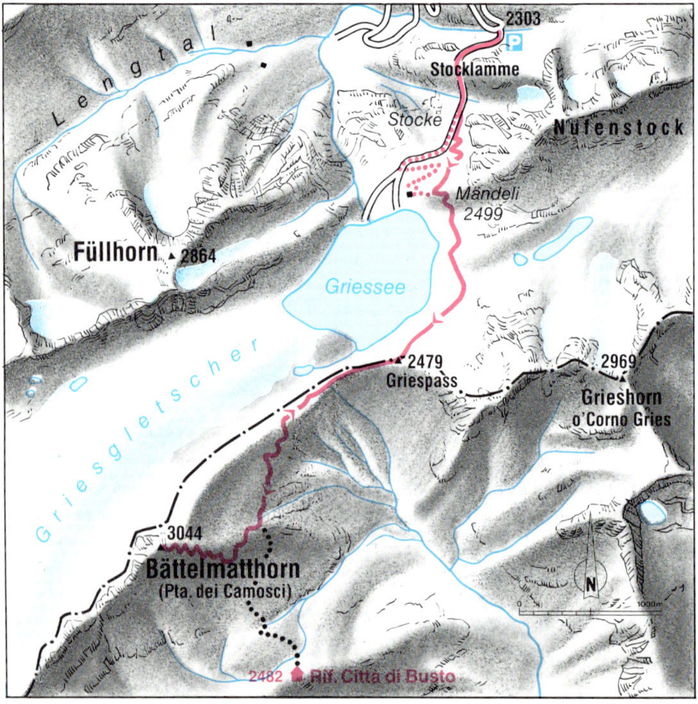

Die Zunge des Griesgletschers reicht bis ins Wasser des Griessees.

Das Bättelmatthorn ist ein ausgezeichneter Aussichtsgipfel, der nach Norden den Blick auf die Berner Alpen mit dem markanten Finsteraarhorn und nach Süden auf den Griesgletscher mit dem Blinnenhorn, das obere Valle del Gries mit dem Ofenhorn und dem Sabbione-Stausee öffnet. Der Weg führt auf italienisches Gebiet, daher Ausweis nicht vergessen.

Von der Paßstraße zum Griespass: Von der **Nufenenstraße** geht man auf der Werkstraße nur leicht steigend um den Rücken herum zur Stocklamme, wo steile Lawinengräben in den Talgrund ziehen. Ein Abkürzungspfad führt hier nach links hinauf nach **Mändeli**, 2499 m, wo sich ein großartiger Blick auf den Griessee öffnet; man kann auch auf dem Fahrweg weitergehen und von dessen Ende hierhersteigen, was nur einige Minuten länger ist. Etwa 100 m hoch über dem Ostufer quert man nun in kurzem Auf und Ab hinüber zum **Griespass**, 2479 m, mit der Landesgrenze.

Anstieg zum Bättelmatthorn: Vom Paß folgt man in westlicher Richtung dem Weg auf dem hier noch breiten Nordostrücken des Bättelmatthorns, vorbei an Gletscherschliffen und Moränenresten. Auf gut 2650 m quert der Weg in die schottergefüllte Ostflanke; bevor er sich wieder senkt, um zu den italienischen Hütten Citta di Busto und Mores hinabzusteigen, zweigt nach rechts eine schwache Pfadspur ab, die – bald deutlicher ausgeprägt – schräg aufwärts zum Ostrücken ansteigt. An einer winzigen Einschartung wird dieser betreten, dann steigt man, immer den Spuren links an der nach Norden abbrechenden Kante entlang in kurzen Zickzacks bis zum Gipfel des **Bättelmatthorns** auf. Dort, wo die Spuren weniger deutlich sind, hält man sich soweit wie möglich in der Nähe der Kante.

Abstieg auf dem gleichen Weg.

5 Eggerhorn, 2503 m

Schaukanzel zu bekannten Gipfeln der Berner Alpen und weniger bekannten der Walliser Alpen

Ernen – Alpe Frid – Eggerhorn – Sattulti – Binn

Talorte: Ernen, 1195 m; Busverbindung mit Fiesch. Binn (Schmidigehischere), 1400 m; Busverbindung über Ernen mit Fiesch (7 Kurse täglich, 30 Min. Fahrzeit, 14 km).
Ausgangspunkt: Alpe Frid, Straßenende am Ausgleichsbecken, 1762 m. Eine schmale, geteerte Straße führt von Ernen zu diesem paradisischen Plätzchen an der Waldgrenze. Einmal wöchentlich Bustransfer durch ein örtliches Taxiunternehmen (Info im Verkehrsamt), dies erspart ca. 1½ Std. Aufstieg.
Parken: In Ernen; wer nicht die Überschreitung nach Binn macht, kann bis unterhalb der Alpe Frid fahren.
Gehzeiten: Parkplatz am Ausgleichsbecken – Alpe Frid 20 Min., Alpe Frid – Eggerhorn 2 Std; Abstieg nach Binn 2 Std. (zur Alpe Frid zurück 1¼ Std.).

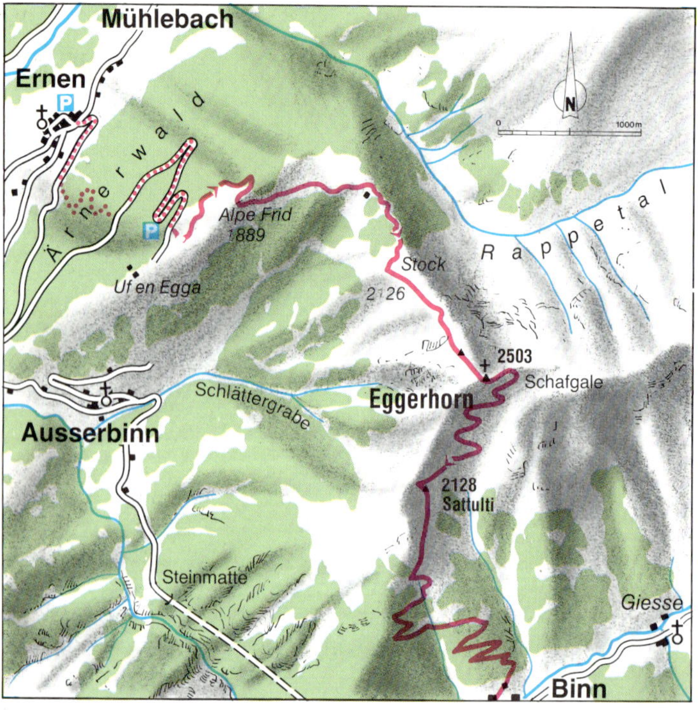

Ernen hat eines der schönsten Dorfbilder im Wallis.

Anforderungen: Einfache Gipfeltour auf guten, recht steil angelegten Pfaden.
Höchster Punkt: Eggerhorn, 2503 m.
Einkehrmöglichkeit: Keine.
Sehenswertes: Die Orte Ernen und Binn. Herrlicher Lärchenbestand an der Waldgrenze, weitreichende Gipfelrundsicht auf die meisten Viertausender der Berner Alpen, dazu interessante, viel weniger bekannte Blicke auf die Berge der Leone-Gruppe im Ostteil der Walliser Alpen.

Aufstieg zum Eggerhorn: Vom Parkplatz geht man auf dem Fahrweg zur nahen **Alpe Frid** und weiter in östlicher Richtung zu einer Verzweigung: geradeaus führt ein Weg weiter ins Rappental, unser Weg zweigt nach rechts ab, führt durch lichten Lärchenwald und schließlich steil zum Stock. Die Aussicht nach Norden auf die Berner Alpen ist nun frei, auch das stille Rappental ist voll einzusehen. Nach einem kurzen ebenen Stück folgt der steile Restanstieg, wobei der Pfad ohne größere Zickzacks als tief eingetretener bzw. vom Wasser ausgespülter Graben durch die Zwergstrauchzone und die alpinen Rasen bis zum Gipfel des **Eggerhorns** hinaufzieht. Der nördliche Gipfel trägt ein Kreuz, der minimal höhere Südgipfel bildet eine begraste Kuppe.
Abstieg nach Binn: Der gute Pfad führt in einigen Kehren auf der Südseite des Gipfels zum **Sattulti**, 2128 m, wo man auf einen Fahrweg trifft. Dieser leitet in Kehren durch den schönen Bergwald hinab, der Fußweg kürzt einige der Serpentinen ab.

6 Binntalhütte – Albrunpass

Mineralien-Eldorado der Schweiz

Fäld – Chiestafel – Binntalhütte – Albrunpass – Imfeld

Talort und Ausgangspunkt: Imfeld (Fäld), 1519 m; kleine Siedlung oberhalb des Zusammenflusses von Binna und Fäldbach mit malerischen alten Häusern. Die Autos müssen am gebührenpflichtigen Parkplatz vor der Binna-Brücke abgestellt werden. Postbusverbindung Fiesch – Binn (etwa 7 Kurse täglich, 30 Min. Fahrzeit, 14 km, Taxi nach Imfeld.
Gehzeiten: Imfeld – Chiestafel 2¼ Std., Weiterweg zur Binntalhütte 1 Std, Aufstieg zum Albrunpass ½ Std.; gesamt ca. 3 ¾ Std., im Abstieg 2½ Std. Talweg Binn – Imfeld 40 Min.
Anforderungen: Gute, ausreichend markierte Wanderwege, am Rückweg ab Chiestafel Fahrweg.
Höchster Punkt: Albrunpass, 2409 m.
Einkehrmöglichkeit: Binntalhütte des SAC. Dies ist eine „echte" Bergsteigerhütte und noch nicht zum Schnellrestaurant umfunktioniert. Getränke und einfache Verpflegung von Ende Juni bis Anfang Oktober. Hüttenübernachtung empfehlenswert. Restaurant Imfeld am Parkplatz, offen von Mai bis Mitte Oktober.
Sehenswertes: Einmalige geologische Struktur. Verschiedenste Gesteinsarten und Felsformationen treten auf engem Raum zutage. Bekannt für seinen Kristall- und Mineralienreichtum. Vielfältige Flora.

Das Binntal steht seit 1964 unter Naturschutz – und es ist noch nicht vom Massentourismus überrollt! Für Interessierte werden geologisch-mineralogische Führungstouren angeboten.
Vor der Binnabrücke unterhalb von **Imfeld** folgt man dem mit „Mineraliengrube" ausgewiesenen Weg. Bei **Figgerscha** geht man aber nicht am Lenge Bach hinauf zur Grube, sondern bleibt auf dem Fußweg, der auf der

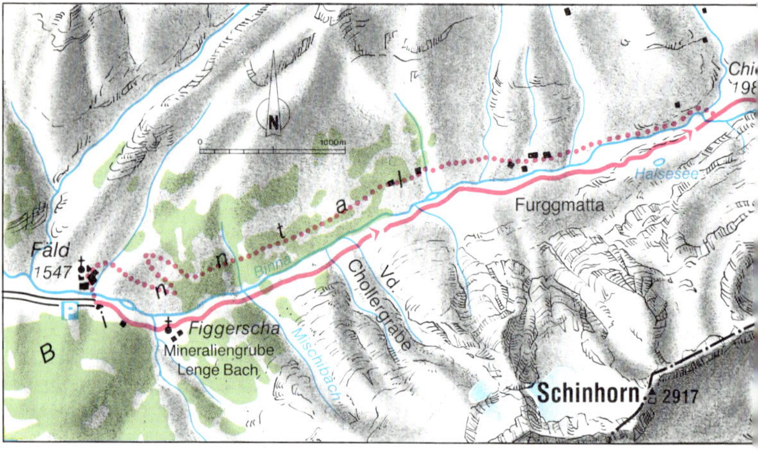

Die Binntalhütte erschließt ein wunderschönes Wandergebiet.

Südseite der Binna taleinwärts zieht und hinter Furgmatta zum malerischen **Halsesee** hinaufsteigt; in wenigen Minuten kommt man dann zur Brücke von **Chiestafel** hinab – hier tritt eine auffallende reinweiße Zone von Dolomit zutage.
Der gute Weg überwindet die nächste Stufe nordseitig der kleinen Schlucht zur Ebene von Blatt und erreicht daraufhin Oxefeld, von wo man gemütlich zu der nun sichtbaren **Binntalhütte** aufsteigt.

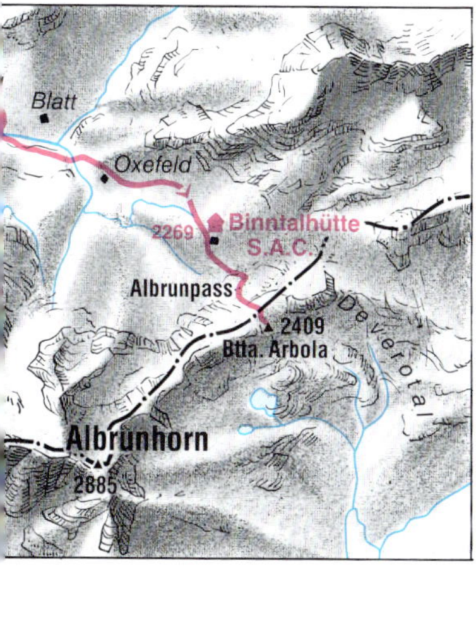

Zum **Albrunpass** geht man in gleicher Richtung weiter, der Weg führt in einigen Kehren zur tiefsten Einsattelung – wer ausreichend Zeit hat, sollte noch auf einen der Hügel beiderseits des Passes steigen oder ein Stück auf die italienische Seite hinuntergehen, dann präsentiert sich auch ein vortrefflicher Blick in das Déverotal, ein wahres Wanderparadies.

Abstieg: Man geht auf dem gleichen Weg zurück bis Chiestafel, dann aber an der nördlichen (rechten) Seite der Binna auf dem Fahrweg nach Imfeld zurück. Die letzten Kehren über der Siedlung kann man auf einem Fußpfad abkürzen.

7 Märjelensee – Eggishorn, 2927 m

Aletsch-Höhepunkte und Arktis-Impressionen

Bettmergrat – Märjelensee – Eggishorn

Talort: Bettmeralp, 1957 m; auf einer Sonnenterrasse über Fiesch gelegen, autofrei und von Betten (Bahnstation und Parkplätze) mit der Seilbahn gut zu erreichen (halbstündlicher Betrieb etwa zwischen 6.00 und 23.00 Uhr).
Ausgangspunkt: Bettmergrat, 2643 m; Bergstation der Gondelbahn von Bettmeralp.
Gehzeiten: Bergstation Bettmergrat – Märjelensee $1^1/_4$ Std., Märjelensee – Bergstation Eggishorn $2^1/_2$ Std., Abstecher zum Eggishorn $^1/_2$ Std.
Anforderungen: Unschwierige Tour.
Höchster Punkt: Eggishorn, 2927 m.
Einkehrmöglichkeiten: Bergstation Bettmerhorn- und Eggishornbahn (Kiosk), Gletscherstube in der Märjela und Station Kühboden.
Sehenswertes: Märjelensee am Aletschgletscher, dessen Eis das Schmelzwasser hier aufstaut; schöne Seen und interessante hochmoorige Biotope auf der Märjelenalp. Besonders von der Station Bettmerhorn und Eggishorn großartige Ausblicke auf den Aletschgletscher. Geführte Gletscherwanderungen (Auskunft beim Verkehrsamt).

Auch der Aletschgletscher darf niemals ohne entsprechende alpine Erfahrung und Ausrüstung betreten werden! Der Märjelensee war in früheren Zeiten viel größer und durchbrach immer wieder den sperrenden Eiswall, um dann am Gletscher entlang ins Tal zu stürzen und schlimme Verwüstungen im Bereich von Brig anzurichten. Durch Wasserbaumaßnahmen wird dies heute verhindert, der See existiert damit meist nur noch zur Zeit der Schneeschmelze (Abb. Seite 19).

Gletscherweg Aletsch: Man geht von der **Bergstation** wenige Meter fast waagerecht um den Rücken des Bettmerhorns an dessen Nordwestseite, wo der neu angelegte Weg knapp unterhalb der Felsen schräg nach Norden abwärts führt. Mit herrlicher Aussicht auf den Gletscher und die umliegenden Gipfel geht man nun bis in die **Grosse Gufer**, wo man kurz absteigt und bei der Roti Chumma die Einmündung des unteren, alten Höhenweges erreicht. Der Steig leitet nun fast eben durch plattiges Gelände – teilweise ist er hier in die Felsen gehauen – an die Kante des Eggishorn-Nordwestgrates, um von hier zum **Märjelensee**, 2300 m, hinunterzuführen.
Weiterweg zum Eggishorn: Vom Märjelensee wandert man nach Osten durch den Talboden der **Märjelealp** mit ihren malerischen Seen, hier befindet sich auch die **Gletscherstube** (Stollenweg ins Tälli und zur Station Kühboden als Abkürzung; Taschenlampe). Nach dem Stausee zweigt der Weg nach rechts ab und führt, zuletzt in einigen Kehren zum **Tälligrat**, wo sich der Blick wieder ins obere Rhônetal öffnet. Nach einer kurzen Querung in die Ostflanke trifft man auf den vom Kühboden heraufkommenden Weg. Die nun folgenden 250 Höhenmeter sind zwar ziemlich steil, doch damit ist das Ziel schon fast erreicht und am Kiosk der Eggishornbahn können ja notfalls die Kräfte wiederhergestellt werden! Der kurze Gang bis zum **Eg-**

gishorngipfel auf gutem Steig über den Grat stellt dann keine größeren Anforderungen mehr, sollte also nicht ausgelassen werden!

Rückweg: Rückfahrt mit der Seilbahn nach Kühboden (zu Fuß gut 1½ Std.); wer seinen Stützpunkt auf der Bettmeralp hat, wandert in einer knappen Stunde auf dem Verbindungsweg dorthin zurück; sonst Abfahrt nach Fiesch, mit der Furka-Oberalp-Bahn zum Ausgangspunkt zurück.

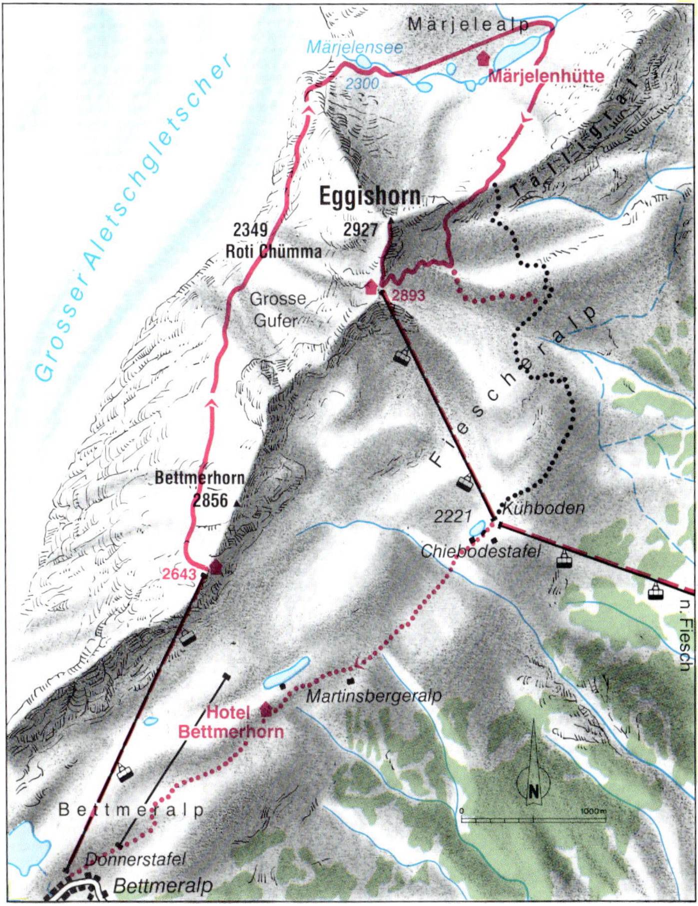

8 Aletschwald

Gletschertiefblicke aus einem märchenhaften Zirbenwald

Riederalp – Riederfurka – Aletschwald – Blausee – Hoflüe – Riederalp

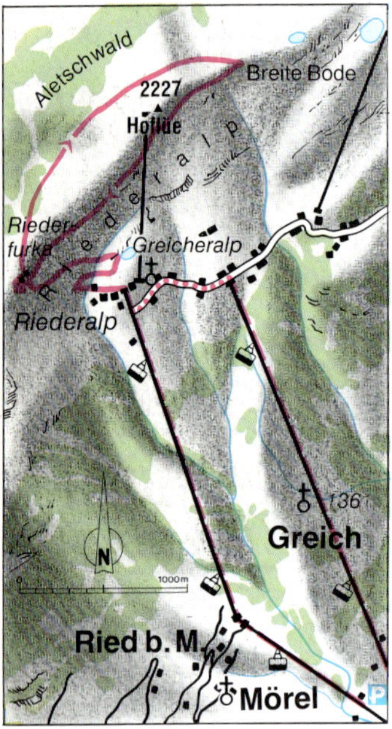

Talort: Mörel, 759 m, 4 km oberhalb Brig am Rotten (Rhône) gelegen. Furka-Oberalp-Bahn-Station mit dichter Zugfolge, 12 Min. Fahrzeit von Brig.
Ausgangspunkt: Riederalp, 1925 m. Wie die benachbarte Bettmeralp sind die alten Almsiedlungen zu komfortablen Sport- und Erholungsorten gewachsen, autofrei und von Mörel (gebührenpflichtige Parkplätze) mit zwei Seilbahnen sehr gut erreichbar (dichter Fahrplan zwischen ca. 5.30 und 23.00 Uhr).
Gehzeiten: Riederalp – Riederfurka ½ Std., Furka – Aletschwald – Blausee 1 Std., Rückweg über Hoflüe zur Riederalp 1¼ Std.
Anforderungen: Leichte Wanderung auf breiten und markierten Wegen.
Höchster Punkt: Hoflüe, 2227 m.
Einkehrmöglichkeit: An der Riederfurka Hotel- und Restaurationsbetrieb.
Sehenswertes: Villa Cassel auf der Riederfurka: erstes Naturschutzzentrum der Schweiz mit naturkundlicher Ausstellung und Alpengarten. Der Aletschgletscher ist der größte Gletscher der Alpen; sehr gut sind die Mittelmoränen zu erkennen, die ihren Ursprung bei der Vereinigung der drei Nährgletscher am Konkordiaplatz haben und bis zur Zunge hinunterreichen.

Der Aletschwald steht seit 1933 unter völligem Naturschutz, d.h. kein Baum darf gefällt, kein Tier bejagt und keine Blume gepflückt werden. Dieser Hangwald war wegen extremer „Bauholz- und Waldweiden-Bewirtschaftung“ zur Jahrhundertwende nahezu am Ende. Seitdem das Gebiet unter Naturschutz steht, verfolgt man das Wiederentstehen eines natürlichen Biotopes und dessen kontinuierliche Weiterentwicklung. Das Verlassen der markierten Wege, sowie Blumen- Beeren- und Pilzesammeln ist streng verboten; selbstverständlich auch jegliches Feuermachen und Rauchen (vor Jahren hat ein Waldbrand großen Schaden im Schutzgebiet angerichtet)! Die Schutzzone auf der Nordseite des Bergrückens ist durch Tafeln deutlich angezeigt. Trotz der Kürze dieser mühelosen Unternehmung wird man

Knorrige Zirben säumen den Weg am Aletschgletscher hoch über dem Gletscher.

leicht einen vollen Tag hier oben verbringen können! Neben dem hier beschriebenen Weg gibt es natürlich noch weitere, ebenfalls sehr lohnende Wanderungen, allesamt bestens ausgeschildert.

Von der **Riederalp** geht man in westlicher Richtung auf den breiten Wegen zur gut sichtbaren **Riederfurka** mit dem Hotel-Restaurant und der 200 m entfernten Villa Cassel. Auf der Aletschseite der Furka geht man nur wenige Meter bergab und folgt dann dem guten Weg auf der oberen alten Moräne, ziemlich an der Waldgrenze entlang, der die bekannten, kaum zu übertreffenden „Postkarten-Motive" in großer Zahl liefert; wunderschöne Wetterarven besonders in der Nähe des Aussichtspunktes kurz vor der Abzweigung bei P. 2150 m zum **Breite Bode**. Nach diesem kurzen Aufstieg bietet sich der große Ausblick über das Rhônetal auf die Walliser Alpen.

Rückweg: Man folgt dem ausichtsreichen Kamm in südwestlicher Richtung fast eben über **Hoflüe** (Sesselliftstation) und dann leicht fallend zur Riederfurka. Auf dem Aufstiegsweg zur Riederalp zurück.

9 Sparrhorn, 3021 m

Wander-Dreitausender mit königlicher Aussicht

Belalp – Aletschbord – Sparrhorn – Belalp

Talort: Blatten, 1327 m. Postbusverbindung mit Brig (etwa 11 Kurse täglich, 25 Min. Fahrzeit, 11 km).
Ausgangspunkt: Belalp, 2094 m. Weites Almgelände über der Steilstufe von Blatten. Bergstation der Luftseilbahn von Blatten (Betrieb mit dichtem Fahrplan von etwa 7.00 bis nach 22.00 Uhr).
Gehzeiten: Belalp-Bergstation – Aletschbord ½ Std., Aufstieg zum Gipfel 2½ Std.; im Abstieg 2¼ Std.
Anforderungen: Durchwegs gute, markierte Wanderwege über das Almgelände, nur auf den letzten 250 Höhenmetern führt der Steig über schrofiges und geröllbedecktes Gelände.
Höchster Punkt: Sparrhorn, 3021 m.
Einkehrmöglichkeiten: Mehrere Gasthäuser auf der Belalp.
Sehenswertes: Blatten mit altem Dorfkern und der Theodulskapelle aus dem 15.Jh. Belalp: Herrliche, blumenreiche Almfläche. Eindrucksvolle Tiefblicke auf den Aletschgletscher, vom Gipfel aus besonders auf Oberaletsch mit dem Aletschhorn, gute Fernsicht.

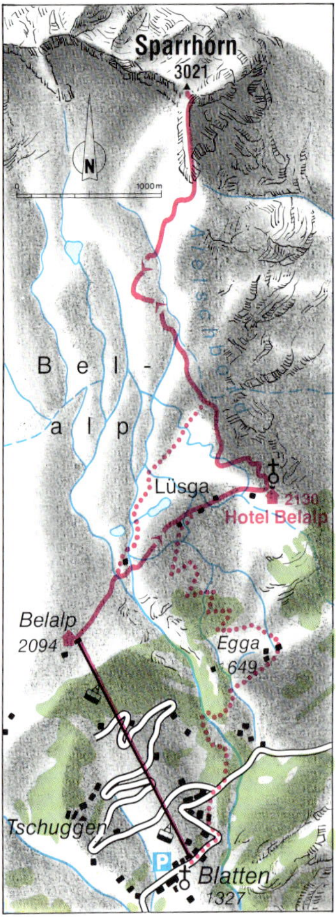

Von der Bergstation **Belalp** geht man in nordöstlicher Richtung nur leicht ansteigend am Fahrweg auf den Aletschgletscher zu. Beim **Hotel Belalp** (hier hat man einen ersten beeindruckenden Tiefblick auf die Gletscherzunge) zweigt man links ab und steigt über das blumenreiche Almgelände des Aletschbords nordwärts zum Ansatz des kurzen Gipfelaufbaus empor. In wenigen Kehren (mit großartigen Ausblicken auf den Aletschgletscher hinunter) führt der Weg – zuletzt in der Schotterflanke wenig östlich des Kammes – zum

Vom Gipfel des Sparrhorns öffnet sich der Blick zum Aletschgletscher und auf das Band des Oberaletschgletschers. Die Oberaletschhütte ist auf der Terrasse über dem Gletscherknick zu erkennen.

Sparrhorn-Gipfel, der mit atemberaubender Schroffheit nach Norden zum Oberaletschgletscher abbricht.
Abstieg wie Aufstieg. Wer nicht wieder mit der Luftseilbahn ins Tal zurückkehren will, kann auf einem kleinen, sehr schönen und steilen Steig, der bei den Häusern von **Lusgen** (Wegweiser, zwischen dem Hotel und der Station Belalp) abzweigt, zur hübschen Siedlung **Eggen** absteigen, um zuletzt auf einem Fahrweg nach **Blatten** zurückzukehren (800 Höhenmeter, ca. 1½ Std.).

10 Folluhorn, 2656 m

2000 Meter über dem Rhônetal – schöner als im Flugzeug

Rosswald – Saflischwald – Folluhorn – Rosswald

Talort: Ried bei Brig (918 m), kleine Gemeinde auf einer Wiesenterrasse an der alten Simplonstraße oberhalb Brig. Postbusverbindung mit Brig (etwa stündlich zwischen 7.00 und 19.00 Uhr, Fahrzeit ca. 15 Min).
Ausgangspunkt: Rosswald (Glimmuschir), 1819 m. Aufstrebender Ferienort auf der sonnenreichen Almterrasse hoch über der Simplonstraße. Herrliche Aussicht auf die Berner Alpen und die Berge der Simplon-Region. Eine schmale, kurvenreiche Fahrstraße führt zum Ort, die Häuser werden jedoch nur zu Fuß erreicht. Seilbahnverbindung mit Ried (Betrieb im Sommer zwischen ca. 7.30 und 20.00 Uhr).
Parken: An der Talstation oder am gebührenpfichtigen Parkplatz in Rosswald.
Gehzeiten: Rosswald – Folluhorn $2\frac{3}{4}$ Std., im Abstieg $1\frac{1}{2}$ Std.
Anforderungen: Leichte Bergwanderung auf gut angelegtem Weg.
Höchster Punkt: Folluhorn, 2656 m.
Einkehrmöglichkeit: Keine; das Wirtshaus Saflischmatte kann bei der Abstiegsvariante, $\frac{1}{2}$ Std. vor Rosswald, aufgesucht werden.
Sehenswertes: Blick zum Simplonpass, überragt vom gewaltigen Fletschhorn; schon von Rosswald aus wunderschöne Tiefblicke ins Rhônetal hinunter nach Brig, die sich im weiteren Aufstieg bis zum Gipfel noch steigern.

Der Weg verläuft im unteren Bereich durch einen sehr schönen Lärchenwald. Die Wanderung lebt dann aber ganz besonders von der enormen Fernsicht und sollte deshalb nur bei gutem Wetter angetreten werden. Bei schlechter Sicht kann die Tour nicht empfohlen werden.
Von der **Bergstation** im Ortsteil Glimmuschir geht man in wenigen Minuten hinauf zum Parkplatz (Ende der Fahrstraße). Ein Schild weist über die Wie-

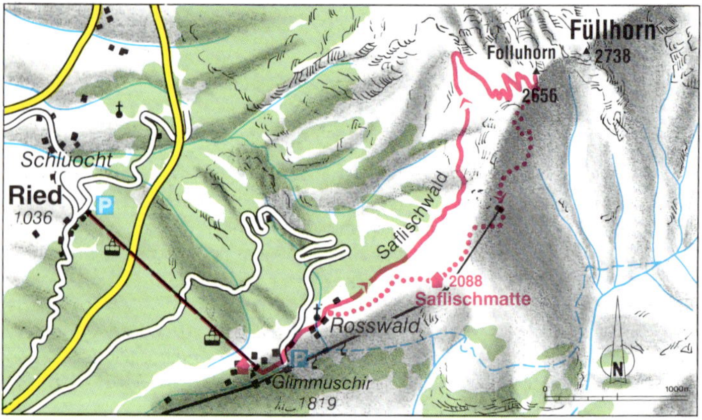

Tiefblick vom Folluhorn-Anstieg auf Brig.

sen zum oberen Ortsteil (Rosswald), wo man die Abzweigung ins Liftgebiet hinter der Kapelle rechts liegen läßt und an den letzten Häusern vorbei in den herrlichen **Saflischwald** gelangt. Der gut angelegte Weg ist ab hier bis zum Gipfel zu erkennen und führt sehr gleichmäßig steigend durch die Waldflanke und bald ins freie Gelände des großen Kessels westlich unterm Folluhorn. Kleine Runsen ausgehend quert man diese Flanke aufwärts bis an deren nördliches Ende, wo sich ein überraschender Tiefblick auch in das obere Rhônetal öffnet. In gleichmäßiger Steigung und nur ganz zuletzt etwas steiler gelangt man in einigen Serpentinen über das blumenreiche Rasengelände zum **Gipfel**. Unermüdliche und trittsichere Wanderer können noch in gut 15 Minuten zum wenig höheren Füllhorn, 2738 m, ansteigen, doch die ungeheure Fernsicht vom Folluhorn dürfte auch verwöhnte Wanderer so sehr begeistern, daß sie auf diesen Aufstieg verzichten und die Zeit lieber hier mit Schauen verbringen!
Abstieg: Wie Aufstieg; eine alternative, ebenfalls aussichtsreiche Route nach Süden hinunter zum Whs. Saflischmatte (oben Wegspuren, dann gute Wege) hat wegen der auch hier vorangetriebenen Skierschließungen doch sehr an Reiz verloren, sie bildet aber ein anschauliches Beispiel für die Auswirkungen solcher Eingriffe.

11 Staldhorn, 2463 m

Kleiner Aussichtshügel über dem Simplon mit großer Aussicht

Simplonpass – Stalde – Staldhorn – Simplonpass

Talort: Brig, 684 m; Hauptort des Oberwallis, Verkehsknotenpunkt im Rhônetal zwischen der Simplon- und Lötschbergtrasse. Sehr gut erreichbar mit der Bahn (z.B. IC-Verbindungen Genf – Mailand, sicher die schnellste und bequemste Anreisemöglichkeit!). Simplon-Dorf, 1460 m. Kleiner Ort an der Simplon-Südrampe.
Ausgangspunkt: Simplonpass (Kulm), 2005 m. Postbus-Verbindung (etwa 7 Kurse täglich, ca. 45 Min. Fahrzeit von Brig, 30 km; 18 Min. Fahrzeit von Simplon-Dorf, 10 km).
Parken: An der Paßhöhe.

Gehzeiten: Simplonpass – Staldhorn 1¼ Std., Rückweg ¾ Std.
Anforderungen: Einfache Bergwanderung, teilweise schwache Wegspuren
Höchster Punkt: Staldhorn, 2463 m.
Einkehrmöglichkeiten: An der Paßhöhe mehrere Restaurants und Hotels.
Sehenswertes: Simplonpass: uralter, bereits von den Römern benutzter Übergang. Alte, unter Napoleon erbaute Straße über der tiefen Saltinaschlucht bis Schallberg. Simplon-Hospiz südlich des Passes. Schöne Hochmoore, beeindruckender Blick auf die eisüberwallte Fletschhorn-Nordwand.

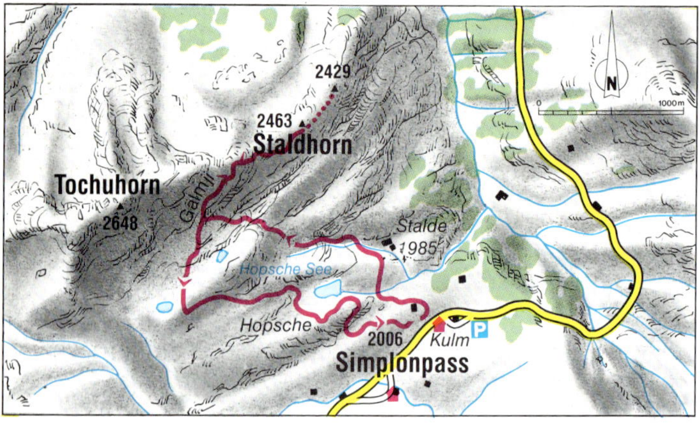

Das Staldhorn ermöglicht als besonders schnell erreichbarer Gipfel eine schöne Aussicht auf die Leone-Gruppe sowie die Berner Alpen. – Obwohl der Simplonpass zu den Hauptverkehrsrouten Schweiz-Italien gehört, verläßt man bereits mit wenigen Schritten den Rummel an der Straße, spätestens nach einer Viertelstunde ist man normalerweise völlig allein, wenn nicht gerade das Militär dieses Gebiet als Übungsplatz okkupiert hat!
Von der Bushaltestelle **Simplon-Kulm** geht man auf dem anfangs geteerten Fahrweg nach **Stalde**. Kurz vor Erreichen der Gebäude zweigt nach

Unter dem Monte Leone windet sich die Simplon-Straße zur nahen Paßhöhe.

links ein kleiner Pfad ab, der unterhalb von schönen Felsbänken in westlicher Richtung eine steilere Stufe überwindet. In dem kuppierten Gelände darüber steigt man auf dem Weg in gleicher Richtung weiter auf das Tochuhorn zu, bis Wegspuren über die Rasenhänge (Gälmji) in die tiefste Einsattelung zwischen letzterem und dem Staldhorn führen. Nun über den breiten, mit einigen felsigen Buckeln versehenen Rücken nach Nordosten gemütlich ansteigend zum **Gipfel**. Einen besonders schönen Talblick hat man von der Kuppe, 2429 m, gut 250 m weiter nordöstlich des höchsten Punktes.

Abstieg: Man geht wieder zurück in die Einsattelung und folgt den Wegspuren über die Rasenhänge des Gälmji weiter in südlicher Richtung, bis man auf einen breiten Weg trifft, der gemütlich über **Hopsche** mit dem reizvollen Seelein zur Paßhöhe zurückführt.

12 Rossbodenalm am Simplon

In unmittelbarer Nähe zur Fletschhorn-Nordwand

Simplon-Dorf (Egga) – Rossbodestafel – Rossboden

Talort und Ausgangspunkt: Egga, 1588 m, kleiner Weiler an der Simplon-Südrampe wenig oberhalb von Simplon-Dorf. Der Baustil der Häuser mit Steindächern gibt der Region einen recht südländischen Anstrich. Postbus-Station der Simplonlinie Brig – Domodossola (Gondo).
Parken: Am Ortseingang
Gehzeiten: Egga – Rossbodestafel 1¼ Std., Rundweg auf der Alm zum Gletscher 1 Std.; Rückweg ¾ Std.
Anforderungen: Einfache Bergwanderung.
Höchster Punkt: Etwa 2250 m auf dem Rossboden (Grisserna).
Einkehrmöglichkeit: Keine.
Sehenswertes: Faszinierender Einblick in die Fletschhorn-Nordwand mit dem wildzerrissenen Rossbodegletscher.

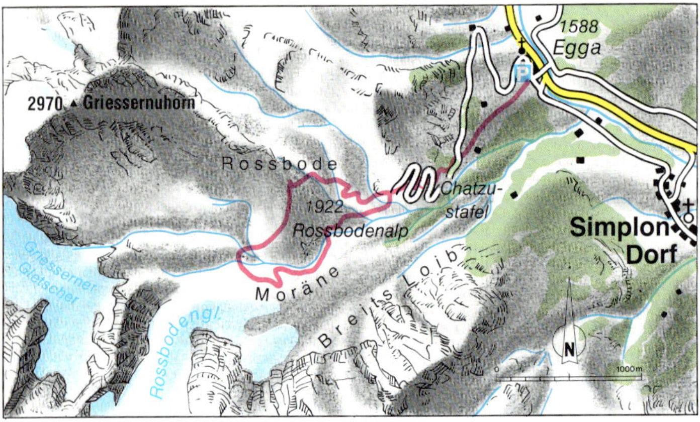

Interessant ist die ebenmäßig geschwungene Seitenmoräne des Rossbodegletschers, die man vom Rossboden leicht erreichen kann. Sie ist auf dieser Seite gut bewachsen und bricht zum Gletscher mit steilem Moränenschutt fast als versteinerte Wächte ab. Hier lassen sich ganz hervorragend die verschiedenen Bereiche eines Gletschers auf engstem Raum beobachten, von der Eiswand im Gipfelbereich über chaotische Sérakstufen bis hinab zur schotterbedeckten Zunge.

Von **Egga** folgt man am Wegweiser dem Weg nur leicht ansteigend auf den bewaldeten kleinen Rücken; das von den Gletscherabflüssen durchzogene Gelände zur Linken nennt sich Gletschersturz, ein nun schon dichtbewaldetes Schuttfeld der Ablagerungen früherer Gletschervorstöße. Bei **Chatzustafel**, 1786 m, kommt man in die Nähe des Gletscherbaches und

Vom Gipfelbereich des Fletschhorns stürzt der Rossbodegletscher in wilden Séraks zum Almboden.

steigt nun steiler in einem wunderschönen lichten Lärchenwald zur **Rossbodealp** an, der Fahrweg wird dabei im letzten Teil gekreuzt.
Kleiner **Rundweg** auf der Alp: Der Rossboden wird von einer Schrofenzone geteilt, die quer bis zum Moränentälchen am Gletscher verläuft. Von der Alpe ist der auch beim Viehtrieb benutzte Durchschlupf in Form eines fast waagerechten Rasenbandes zu erkennen, auf dem eine Wegspur zum oberen, noch aussichtsreicheren Grund führt. Dieses Weglein erreicht man weglos (Viehtrittspuren) quer ansteigend über das Alpgelände.
Abstieg: Man geht zu der auffälligen Seitenmoräne des Rossbodegletschers (hier sollte man wegen der interessanten Gletscherblicke unbedingt kurz auf den Kamm hinaufsteigen), in dem Tälchen findet man einen guten Weg, der in einigen Serpentinen zur Alpe zurückführt.

13 Seehorn, 2439 m

Zentrale Aussichtswarte über der Gondoschlucht

Zwischbergen – Furggu – Seehorn – Zwischbergen

Talort und Ausgangspunkt: Zwischbergen, 1359 m; kleine Ansiedlung im gleichnamigen Tal. Die Fahrstraße ist über Zwischbergen hinaus bis zur Furggu befahrbar.
Gehzeiten: Zwischbergen – Furggu 2 Std., Gipfelaufstieg 1 ³/₄ Std; Rückweg nach Zwischbergen 2¹/₂ Std.
Anforderungen: Einfache Bergwanderung auf guten Wegen bis Furggu, zum Gipfel führt ein gut ausgetretener, völlig unschwieriger Pfad.
Höchster Punkt: Seehorn, 2439 m.
Einkehrmöglichkeiten: Nur in Zwischbergen.
Sehenswertes: Gondoschlucht an der Simplonstraße; Zwischbergental: Noch ruhiges Hochgebirgstal. Hochmoorlandschaft mit wunderschönem Lärchenbestand und kleinem See bei der Furggu.

Diese Wanderung eröffnet sehr interessante Ausblicke in die Weissmiesgruppe, so wie sie nur wenige kennen; dazu bieten sich schroffe Tiefblicke vom Gipfel in die Gondoschlucht und gegenüber in die kaum bekannte Südflanke des Monte Leone.

Vom Stausee im Talgrund kann man wohl noch wenige Meter zu den Häusern von **Zwischbergen** (Bord) hinauffahren, wegen der sehr beschränkten Parkmöglichkeiten sollte man jedoch den Wagen an der Talstraße beim Wegweiser, gut 300 m nach dem Stausee, abstellen und von hier die Wanderung starten. Man steigt in wenigen Minuten zur Straße auf, überquert auf ihr den von Furggu herabkommenden Graben und steigt an dessen Ostseite in vielen Zickzacks teils durch dichteren, teils aufgelockerten Lärchenbestand nach **Chatzhalte**, 1637 m, auf. Der Weg führt weiter aufwärts,

Das Seehorn aus dem Zwischbergental.

bis er sich nahe der **Furggu** mit einer Almstraße vereinigt.
Von der Furggu zum Seehorn: Am Wegweiser zweigt man nach rechts ab und erreicht durch den wunderschönen Seehaltewald mit uralten einzelstehenden Lärchen einen kleinen Moorsee **(Seetole)**. Der Pfad steigt nun über die Südwestflanke des Seehorns an, wo er in einigen Kehren – im mittleren Bereich etwas mühsamer über eine schottrige Passage – zum **Gipfel** mit dem weithin sichtbaren Sendemast führt.
Abstieg: Auf dem gleichen Weg zur Furggu zurück. Als Variante führt ein schöner Abstieg von hier nach Nordwesten über den Feerberg hinunter nach Gabi an der Simplonstraße, von dort Postbusverbindung durch die Gondoschlucht bis Gondo.

14 Piz Diei, 2906 m

Prächtiger Aussichtsberg in der südlichen Leone-Gruppe

San Domenico – Alpe Ciamporino – Piz Diei – San Domenico

Talort und Ausgangspunkt: San Domenico, ca. 1410 m, in einem kleinen Seitental östlich unter dem Monte Leone. Erreichbar von der Simplonroute ab Varzo auf schmaler, aber guter Straße.
Parken: Auf dem zentalen Platz im Ort.
Gehzeiten: San Domenico – Alpe Ciamporino 2 Std.; Alpe – Colle Ciamporino 1 Std.; Colle – Piz Diei 2½ Std.; insgesamt 5½ Std.; Rückweg 3 Std.
Anforderungen: Leichte Bergwanderung, in unteren Teil gut marklert, am Gipfel teilweise nur Wegspuren mit Steinmännern bei kurzer Schrofenzone unter dem Gipfelplateau.
Höchster Punkt: Piz Diei, 2906 m
Einkehrmöglichkeit: Keine.
Sehenswertes: Neben der sehr informativen und umfassenden Aussicht während der gesamten Tour ist das ganze Gebiet sehr mineralien- und kristallreich (die Leone-Gruppe ist dafür besonders bekannt!). Je nach Jahreszeit sehr reichhaltige Flora.

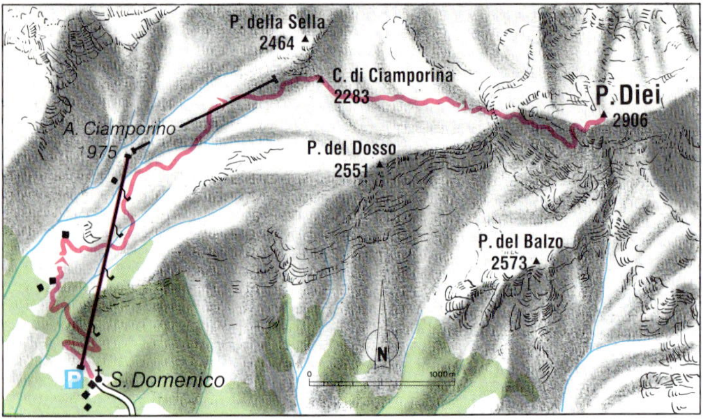

Der Sessellift zur Alpe Ciamporino wird bereits ab Anfang September außer Betrieb genommen, damit kehrt in der ganzen Region angenehme Ruhe ein.
Aufstieg zum Colle Ciamporino: Am zentralen Dorfplatz von **San Domenico** beginnt ein Fahrweg, der nach Norden mit zwei Kehren durch den steilen Bergwald unter dem Bereich der Sesselbahn aufwärts führt. Etwa 200 m nachdem der Weg einen Graben überquert hat, kommt man in der Nähe einiger Hütten aus dem Wald. Die Markierungen leiten nun dem Rücken folgend auf einem steileren Pfad zur Mittelstation und dann entlang der Pistenschneise zum Hochtal mit den weiten blumenreichen Almwiesen der

Der Gipfelkopf der Piz Diei vom Piz del Dosso.

Alpe Ciamporino. In gemütlicher Steigung folgt man nun dem Weg, der in Ost-Richtung über dieses Gelände zum **Colle Ciamporino**, 2283 m, führt. Gipfelanstieg: Vom Paß zweigt der Weg von dem ins Valle Bondolero führenden Pfad nach rechts in die mit immer schüttererem Rasen bedeckten Hänge ab. Man quert damit unter dem Piz del Dosso hindurch in ein Gebiet merkwürdiger geologischer Formationen und erreicht den Gipfelaufbau des Piz Diei bei einem großen Trümmerfeld. Der Anstieg führt nun in die schuttbedeckte Südwest-Flanke, deren querverlaufende Felsbarriere etwa im mittleren Bereich auf Wegspuren durch eine kurze unschwierige Rinne erstiegen wird (Steinmänner). Der Weg ist hier teilweise weniger deutlich, doch finden sich ausreichend Steinmänner zur Orientierung. Über das flache Gipfelschuttfeld gelangt man in wenigen Minuten zum höchsten Punkt des **Piz Diei** – auf der Nordseite bricht die Gipfelfläche schroff ins Valle Bondolero ab.
Abstieg: Wie Anstiegsweg.

15 Baltschiedertal

Müheloses Wandern entlang den Meisterwerken alter Wasserbaukunst

Eggen – Baltschiedertal – Ausserberg

Talort: Visp, 651 m; SBB- und BVZ-Station. Brig, 684 m; Verkehrsknotenpunkt mit sehr gutem Bahnanschluß (IC-Station).
Ausgangspunkt: Eggen, 1060 m. Postbus von Visp (ca. 10 Kurse täglich, 20 Min. Fahrzeit, 9 km). Ausserberg-Dorf, 1008 m. BLS-Station (100 Hm unterhalb des Dorfes), Postbus von Visp (etwa 12 Kurse täglich, 20 Min. Fahrzeit, 10 km). Auf der BLS-Strecke täglich etwa 12 Regionalzüge, die an allen Stationen halten, Fahrzeit 15 Min. von Brig bis Ausserberg, 18 km.
Parken: An den Stationen in Visp bzw. Brig, auch in Eggen am Beginn der Wanderung.
Gehzeiten: Eggen – Baltschiedertal (Ze Steinu) $1^{1}/_{4}$ Std., am Niwärch (Wasserleitung) bis Salmufee 1 Std., Abstieg nach Ausserberg $^{1}/_{2}$ Std. (+ 5 Min. zum Bahnhof); gesamt 3 Std.
Anforderungen: Wenig anstrengende Wanderung auf guten, wenn auch teilweise sehr ausgesetzten Wegen. Schwindelfreiheit nötig, für kleinere Kinder eventuell Seil!
Höchster Punkt: Talgrund im Baltschiedertal (Ze Steinu), 1287 m.
Einkehrmöglichkeit: Keine.
Sehenswertes: Großartige Wasserleitungsführungen an steilsten Wänden; interessante Tiefblicke auf Visp.

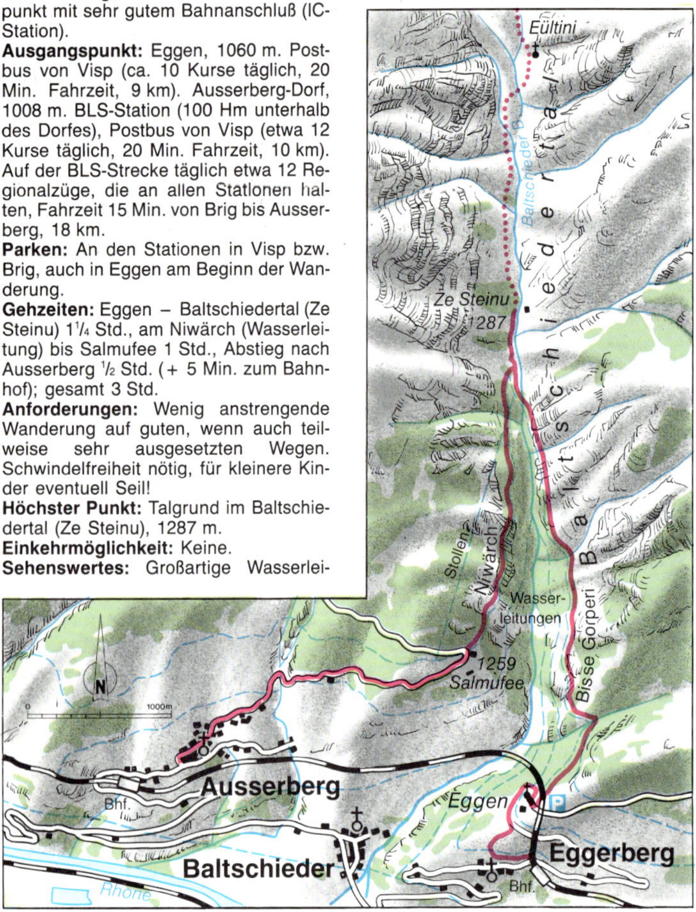

Die Wasserleitung aus dem Baltschiedertal führt auch durch steile Felswände.

Die Wege führen an tollkühn geführten Wasserleitungen (Suonen oder Bisses, in den Ostalpen auch Waale genannt) entlang in ein wildes Seitental der Rhône. Einige Passagen verlaufen durch fast senkrechte Felswände mit Hilfe von „Käneln" (ausgehöhlte Baumstämme), an anderer Stelle wurden kurze Stollen gebohrt. Erst seit 1975 wird Ausserberg durch einen 1,5 km langen Stollen mit Wasser versorgt, die alte Leitung „Niwärch" wird seitdem von SAC-Mitgliedern in freiwilligen Arbeitsdiensten unterhalten.

Von **Eggen** nimmt man den zwischen den obersten Häusern beginnenden Weg am Wegweiser „Bisse Gorperi", er führt nur wenig ansteigend in den Grund des Teiffe Baches und leitet dann kurz zur offenen Wasserleitung hinauf. Nun folgt man dem guten Weg, immer an der Außenseite der Rinne entlang und durch mehrere kurze Tunnels talein, auf dem letzten Kilometer beeindruckend unter einer großen Felswand entlang. Auf der Brücke (1216 m) überschreitet man den Baltschiederbach und steigt jenseits etwa 60 Höhenmeter zu der dortigen Wasserleitung auf. Es lohnt sich auf jeden Fall noch ein Stück weiter talein nach **Ze Steinu** und, wenn die Zeit reicht, zur Kapelle von **Eültini** zu wandern (gut ½ Std.). Wieder an der Wasserleitung angekommen, lassen wir den Abzweig des Stollenweges links unter uns liegen und folgen dem Niwärch. Anfangs noch in der bewachsenen Steilflanke führt die Weg- und Kanalanlage bald ungeheuer verwegen durch Felswände und tiefe Rinnen. Daraufhin erreicht man das Ende der Leitung bei **Salmufee** (1259 m, auch der Stollen mündet hier ganz in der Nähe) und wandert auf dem Fahrweg nach **Ausserberg** hinab.

16 Bietschtal (Teil des Lötschberg-Südrampenweges)

Natur und Technik, hier einmal in vollendeter Synthese!

St.German – Riedgarto – Bietschtal – Ritzubode – BLS-Viadukt – St.German

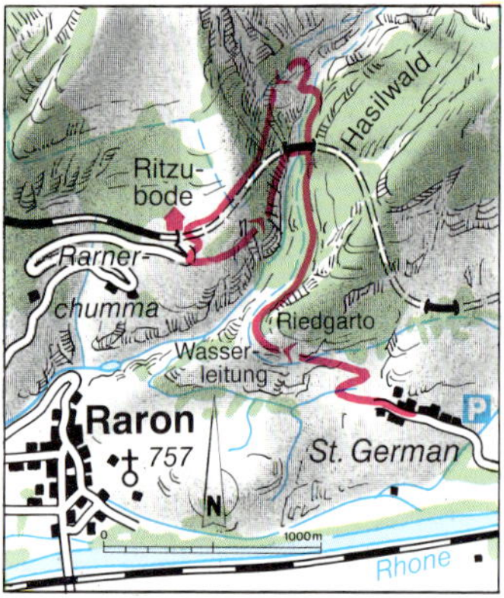

Talort und Ausgangspunkt: St.German, 757 m. Idyllisch gelegenes Dorf über den Weinbergen am Rhônetal. Postbus von Visp (ca. 10 Kurse täglich, 15 Min. Fahrzeit, 8 km).
Parken: Visp; am Ortseingang von St.German (wenige Plätze).
Gehzeiten: St.German – Riedgarto 45 Min., Riedgarto – Bietschtal 30 Min., Bietschtal – Ritzubode 30 Min., Ritzubode – BLS-Viadukt 15 Min., Viadukt – St.German 1 Std.; insgesamt ca. 3 Std.
Anforderungen: Wenig anstrengende Wanderung auf sehr guten Wegen.
Höchster Punkt: Ritzubode, 1090 m
Einkehrmöglichkeit: Kiosk an der Tunneleinfahrt unterhalb der Hütten von Ritzubode, in der Wandersaison etwa von Juni bis Oktober tagsüber geöffnet.
Sehenswertes: Eindrucksvolle Wanderung in das scharf eingeschnittene Bietschtal. Der interessante Bahnviadukt zwischen den Tunnelportalen in den beiden Steilflanken, auf dem man am Rückweg die Schlucht in über 70 m Höhe zu Fuß überquert, wird sicher auch „Nicht-Eisenbahnfans“ beeindrucken, ganz besonders, wenn man dabei das Vorbeidonnern eines Zuges miterlebt! Auch in diesem Tal finden wir wieder historische Wasserleitungen entlang atemberaubend steiler Wände.

Der gesamte Südrampenweg von Hohtenn nach Ausserberg, Eggerberg oder schließlich bis Lalden ist eine äußerst empfehlenswerte, jedoch auch tagesfüllende Unternehmung (Informationen an allen BLS-Bahnschaltern). Der Weg wurde von der BLS unter Benutzung der alten Wasserleitungswege und Hilfspfade für den Bahnbau eingerichtet und durchgehend markiert. Er ist sicher kein Geheimtip für Einsamkeitsfanatiker, die Wanderer verteilen sich jedoch selbst in der Hochsaison. Der hier beschriebene Abschnitt stellt eines der interessantesten Teilstücke dar und kann wegen seiner Kürze zu jeder Tageszeit mit großem Genuß begangen werden.
Am Westende von **St.German** beginnt der Weg, der zunächst kurz und steil in zwei Kehren zur Wasserleitung und gleich darauf zum **Riedgarto**, einem schönen Felssturzgelände mit herrlichen Rast- und Aussichtsplätzen führt. Damit hat man auch den größten Teil des Anstiegs bereits hinter sich. Nun auf dem fast ebenen und breiten Weg taleinwärts zum Viadukt; dieser bleibt

Wie bei der Modelleisenbahn: Die Bietschtalbrücke.

aber links liegen, man geht weiter zur natürlichen Brücke über die tiefe Klamm des Bietschbaches. Jenseits geht es noch kurz bergauf bis zu dem dort ins hintere Bietschtal führenden Weg. Wieder talauswärts geht man nun gut 100 m hoch über dem Viadukt vorbei nach **Ritzubode** am Ausgang des Bietschtals, ein kurzer Abstieg an den Bahntunnel bringt uns zum Kiosk. Knapp unterhalb der nächsttieferen Kehre der Fahrstraße nach Raron zweigt an einem Wegweiser der Weg wieder eben ins Bietschtal ab und führt durch mehrere kurze Tunnels zum **Viadukt** zurück. Direkt neben den Gleisen können wir auf ihm die Schlucht überqueren und sind damit wieder auf unserem Anstiegsweg, auf dem wir nach St.German zurückkehren.

17 Lötschentaler Höhenweg

Herrliche Höhenroute mit großen Bietschhorn-Blicken

Fafleralp – Tellistafel – Lauchernalp – Wiler

Talort: Kippel, 1376 m; Hauptort des Lötschentals. Sehr gute Postbusverbindung mit Gampel/Steg (Rhônetal) über Goppenstein (Bahnhof der Lötschberg-Linie).
Ausgangspunkt: Fafleralp, 1787 m; kleine Ansiedlung im hintersten Lötschental, Endstation der Postbuslinie im Sommer, großer Parkplatz.
Gehzeiten: Fafleralp – Tellistafel 1 Std., Tellistafel – Lauchernalp 1½ Std.
Anforderungen: Leichte Bergwanderung auf guten, markierten Wegen.
Höchster Punkt: Etwa 2100 m, vor der Lauchernalp.
Einkehrmöglichkeiten: Mehrere Restaurants auf der Lauchernalp.
Sehenswertes: Das Lötschental zählt noch zu den ruhigen und recht ursprünglich gebliebenen Seitentälern der Rhône, mit schönen Dörfern; blumenreiche Almregion, Ausblicke aus dem Bereich der Waldgrenze auf die Eisgipfel, insbesondere auf das Bietschhorn. Lötschentaler Museum in Kippel.

Diese zurecht berühmte Höhenwanderung kann auch gut noch weiter bis zur Kummenalp (Restaurant) fortgesetzt werden (45 Min.).

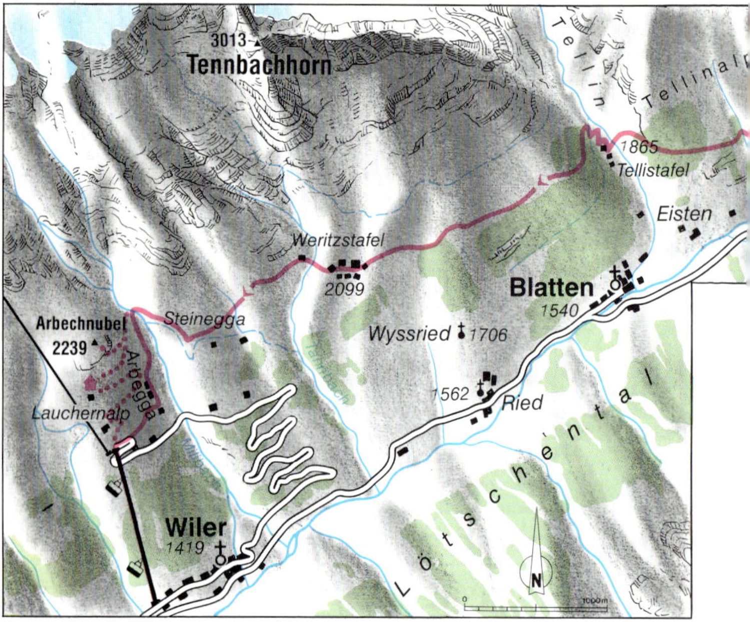

Herbstliche Farben am Lötschentaler Höhenweg.

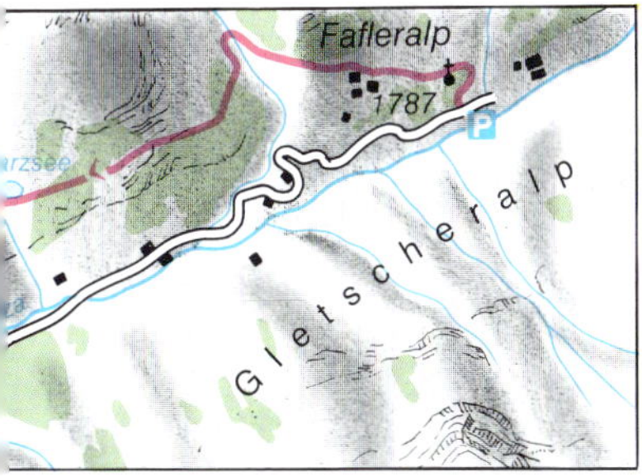

Von der Bushaltestelle am Parkplatz **Gletscherstafel** geht man nur wenige Meter nordwärts in Richtung Inners Tal, um dann auf dem Fahrweg die Häuser von **Fafleralp** zu erreichen. Unterhalb des Waldrandes geht man eben in das Uisters (Äusseres) Tal, auf der anderen Seite wieder heraus und ansteigend um den bewaldeten Rükken herum zu dem völlig überraschenden **Schwarzsee**, ein beliebter und sehr fotogener Rastplatz. Immer noch kaum ansteigend führt der gute Weg weiter in das Tal „Im Tellin"; bei den Hütten **Tellistafel**, 1865 m, zweigt nun der Höhenweg von dem in Richtung Wyssried hinableitenden Fahrweg nach rechts durch den Wald zu den oberhalb liegenden Almflächen ab. Auf dieser Aussichtsterrasse leicht ansteigend zu den Hütten von **Weritzstafel**, 2099 m. Auf dem Fahrweg geht man nur bis über den Tännbach, wenig danach zweigt der Höhenweg wieder nach rechts ab, um an **Steinegga** vorbei in den nächsten Grund, den Einschnitt des Milibachs zu führen. Der direkte Weg geht leicht abwärts nach Arbegga und nur auf den letzten Metern auf dem Sträßchen zur Bergstation der **Lauchernalp-Seilbahn**. Es lohnt aber durchaus, vom Milibach auf Wegspuren noch kurz zum Aussichtspunkt Arbächnubel, 2239 m, hinaufzusteigen! Seilbahn-Abfahrt oder zu Fuß auf Ziehweg 1¼ Std.

18 Rhônetal – Erschmatt

Trockenbiotope und verwegene Schluchtbrücke

Getwing – Hohe Brücke (Teufelsbrücke) – Erschmatt – Getwing

Talort und Ausgangspunkt: Getwing, 626 m; mehrere kleine Ortsteile im Rhônetal, am Fuß der Trockenhänge der Berner Alpen zwischen Leuk und dem Lötschental, gegenüber von Turtmann.
Gehzeiten: Getwing – Hohe Brücke ¾ Std., Hohe Brücke – Erschmatt 1 Std., Abstieg nach Getwing 1¼ Std.
Anforderungen: Einfache Wanderung auf markierten Wegen.
Höchster Punkt: Weiler Erschmatt, 1228 m. Schönes Dorfzentrum.
Einkehrmöglichkeiten: In Erschmatt.
Sehenswertes: Sehr interessante Trockenhang-Vegetation mit dem sich im Herbst feuerrot verfärbenden Perückenstrauch; Hohe Brücke (Teufelsbrücke) über die enorm schmale, aber tiefe Schlucht des Feschelbaches, die neue Brücke steht nur wenig unter der atemberaubend kühn gebauten alten, um die sich ähnliche Sagen ranken wie um die Schöllenenschlucht auf der Gotthardstrecke.

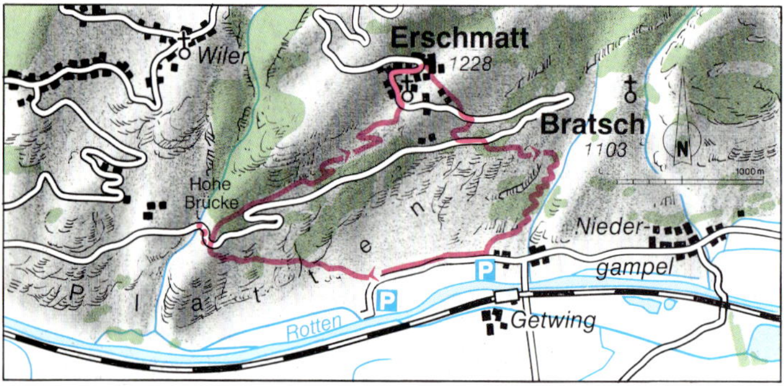

Besonders lohnend im Frühsommmer und bis hinein in den Spätherbst, wenn oben bereits der erste Schnee liegt. Wegen der Südlage kann sich diese Wanderung im Hochsommer dagegen ausgesprochen durstfördernd gestalten!
Von **Unter-Getwing** geht man auf dem kleinen Sträßchen durch einige Reben- und Obstkulturen noch gut 600 m rhôneabwärts. Wo die Fahrstraße im rechten Winkel auf die Rhône zuführt, zweigt nach rechts unser Pfad ab, führt auf einer Brücke über einen Wassergraben und steigt dann recht gleichmäßig über den Talhang („Platten") an. Hier ist die Vegetation an die extreme Trockenheit und große Sonnenbestrahlung hervorragend angepaßt, fast unwirklich ist im Herbst die Färbung des Perückenstrauches – ganze Partien des Hanges scheinen rot zu glühen! Wo man die Bergstraße erreicht, sollte man unbedingt die wenigen Meter nach links bis zur **Hohen**

Feuerrote Herbstfärbung des Perückenstrauchs beim Aufstieg zur Hohen Brücke.

Brücke gehen, man kann hier besonders schön die alte Baukunst bewundern – vor allem an dieser verwegen ausgesetzten Stelle! Der weitere Fußweg kürzt die nächsten zwei Kehren der Straße ab und folgt dann dem alten Karrenweg bis nach **Erschmatt**. Dabei quert man ein jüngeres Waldbrandstück, sehr interessant ist hier die Neubesiedlung durch ganz andere Pflanzen als in den Trockenhängen gleich daneben.

Abstieg: Der Weg verläßt Erschmatt in südöstlicher Richtung abwärts, überquert wieder die Straße und führt stellenweise recht steil, aber gut begehbar zu einem kleinen Graben, der vom Nachbarort Bratsch herabkommt. Entlang von diesem geht es in einigen Kehren abwärts, bald gelangt man in die ersten Rebberge und schließlich nach Getwing zurück.

19 Pfynwald

Naturlehrpfad in einem eiszeitlichen Bergsturzgelände

Sierre – Pfynwald – Sierre

Talort: Sierre, 530 m.
Ausgangspunkt: Parkplatz beim Campingplatz an der Kantonstraße Sierre-Brig, kurz hinter der Rhônebrücke.
Gehzeiten: Die reine Laufzeit auf diesem Rundweg beträgt kaum 45 Min., um die Besonderheiten dieser Landschaft ein wenig kennenzulernen, sollte man aber mindestens einen halben, besser einen ganzen Tag einplanen.
Anforderungen: Einfache Wanderung auf guten Wegen.
Höchster Punkt: Hügel im Pfynwald, ca. 610 m.
Einkehrmöglichkeit: Keine.
Sehenswertes: Interessante, vielfältige Pflanzen- und Tierwelt im Schutzgebiet, das sich durch die Kontraste von extremer Trockenheit und mooriger Nässe auszeichnet. Einige Arten werden in der Schweiz nur noch hier angetroffen! Sierre mit historischen Gebäuden.

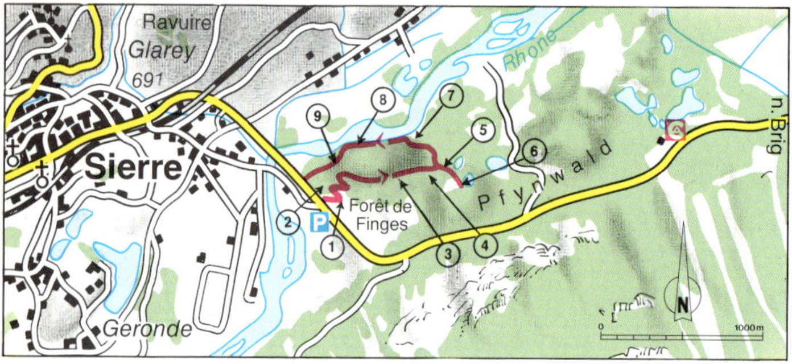

Das Naturschutzgebiet Pfynwald ist das letzte noch weitgehend natürlich gebliebene Stückchen Erde in dem sonst extrem intensiv genutzten oberen Rhônetal. Es ist ein hügeliges, überwiegend mit Kiefern bewachsenes ehemaliges Bergsturzgelände, die Rhône befindet sich hier noch im alten Flußbett. Ein Felsabbruch von der Varneralp oberhalb Salgesch auf den eiszeitlichen Rhônegletscher führte nach dessen Zurückschmelzen (vor ca. 10000 Jahren) zur Ablagerung dieser Schutthügel im Gebiet Pfyn-Sierre. Der Schweizerische Bund für Naturschutz (SBN) arbeitet seit vielen Jahren an der Realisierung eines Naturschutzgebietes Pfynwald. Er hat einen kleinen Führer herausgegeben, der über Pfyn gut informiert und die Probleme und Gefährdungen für diesen Zufluchtsort seltener Arten anschaulich darstellt (erhältlich bei den Verkehrsämtern Sierre und Susten, am Campingplatz oder direkt beim Sekretariat SBN, Postfach 73, 4020 Basel). Die Ziffern im folgenden Text sind auch am Rundweg angebracht und im SBN-Führer beschrieben.

Bei Pfyn hat die Rhône ihr altes Flußbett behalten.

Der **Lehrpfad** nimmt seinen Anfang am Parkplatz, gerade 100 m nach dem Campingplatz an der Rhônebrücke der Straße Sierre – Brig, hier befindet sich auch eine Informationstafel. Bei den ersten Kehren betritt man das **Trockengebiet** mit mediterran anmutenden Pflanzen (1). Wenig später hat man bereits einen der Hügel erreicht, der einen guten Überblick über den **Trockenwald** gibt (2). Man wandert in östlicher Richtung in den **Zwergseggen-Föhrenwald,** einen der trockensten Waldtypen überhaupt (3), bevor man in eine Senke absteigt – hier steht der sogenannte **Weißseggen-Föhrenwald** (4), der bereits viel weniger extreme Bedingungen ertragen muß. Bei (5) kann man schön erkennen, wie lichtbedürftige Bäume wie beispielsweise die Kiefer ihren direkten Lebensraum beeinflussen und dabei der „Konkurrenz" nur wenig Chancen zum Hochkommen lassen. Ein kurzer Abstecher führt zu einem verlandeten **Weiher** (6), der nur noch aus einem Restbestand von Schilf besteht; im Pfyn gibt es noch weitere hübsche Seen und Weiher, die man leicht auf den Wegen in östlicher Richtung zwischen den Hügeln hindurch erreichen kann. Der Lehrpfad leitet nun zum **Rhônehochufer** (7), der Fluß ist hier nicht eingedeicht oder betoniert und daher in mehrere Flußarme mit teilweise bei Hochwasser überschwemmten Inseln verzweigt, ein leider sehr selten gewordener Anblick! Der Rückweg führt durch einen Bereich mit **Wiesensteppe** (8), ein Trockenwiesentyp, der durch die Bewässerung vornehmlich an den Rebenhängen stark zurückgedrängt wird. Schließlich sollte man noch einen Abstecher an die **Kiesbänke** des Rhôneufers (9) machen, bevor man am Campingplatz vorbei zum Ausgangspunkt zurückkehrt.

20 Bisse de Varen

Gewaltige Kontraste: Offene Wasserleitung im extremen Trockenhang

Miège – Bisse de Varen – Brand – Varen

Talort: Sierre, 540 m; kleine Stadt im mittleren Wallis an der Sprachgrenze, nach Sion das zweite Zentrum des Wallis. IC-Bahnstation.
Ausgangspunkt: Miège, 702 m; hübscher Weinort etwas abseits der Straße Sierre – Montana. Busverbindung mit Sierre und Montana (Sierre-Montana-Crans-Linie) mit dichtem Fahrplan.
Endpunkt: Varen, 760 m; der Ort liegt ebenfalls inmitten von Weinbergen auf einer kleine Terrasse, knapp oberhalb der ersten Felsstufe über dem Rhônetal. Busverbindung mit Sierre.
Gehzeiten: Miège – La Proprija 1 Std., Bisse de Varen – Brand 3/4 Std., Abstieg nach Varen 1/2 Std.
Anforderungen: Einfache Wanderung.
Höchster Punkt: Bisse de Varen, ca. 1040 m.
Einkehrmöglichkeiten: Gasthäuser in Miège und Varen.
Sehenswertes: Weinberge bei Miège, interessante Kiefernbestände auf extremen Trockenstandorten am Aufstieg. Die Wasserleitung wirkt eigentlich eher wie ein quer zum Hang verlaufender Bach, dicht daran gedeiht eine üppige Vegetation in dem ansonsten von der Sonne verbrannten Südhang, auf dem nur noch absolute Durstkünstler unter den Pflanzen überleben können. Die Leitung ist wegen des Bewuchses schon vom Rhônetal aus gut zu erkennen.

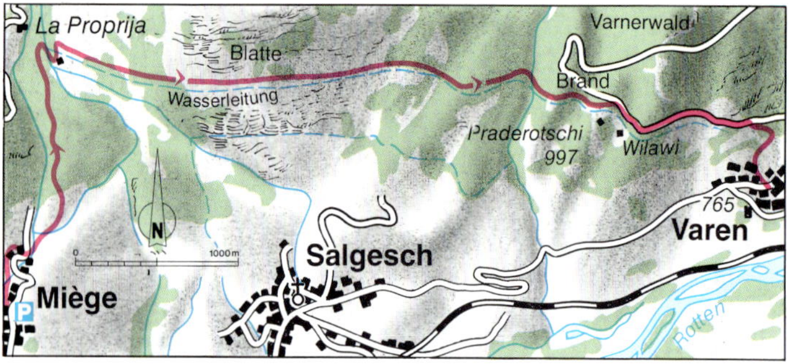

Der Aufstieg ist südexponiert, was an heißen Tage einige Schweißtropfen kosten kann, daher sollte man dann nicht zu spät aufbrechen! – Der von der Wasserleitung gequerte Hang (Blatte) markiert den Gleithorizont eines gewaltigen eiszeitlichen Bergsturzes von der oberen Varneralp; die Hügellandschaft des Pfynwaldes (Wanderung Nr.19) entstand durch die Ablagerung des Bergsturzmaterials nach dem Rückgang des Gletschers. Wichtig: Bitte an den Wasserbauten nichts verändern, auch im Zeitalter der automatischen Bewässerung sind diese „Wässerwasser“ für die Bergwirtschaft noch lebensnotwendig, unkontrolliert überlaufendes Wasser zerstört rasch jeden Wall!

Wie eine Galerie säumen Kiefern die Wasserleitung.

Am Kirchplatz von **Miège** (Bushaltestelle, Wegweiser) nimmt man die bergwärts duch den Ort ziehende Gasse. Man gelangt bei den letzten Häusern in die Weinberge und steigt weiter aufwärts zum Wald. Der Weg geht über einen kleinen Sattel am Hügel Planigettes und erreicht eine Kapelle, wenig unterhalb der **Alp La Proprija**. Etwa 20 Meter höher erreicht man die Wasserleitung mit ihrer über 2 km langen, ganz leicht fallenden Querung des Trockenhanges. Hier läuft man wie in einer Galerie von Kiefern, schön schattig und doch immer wieder mit herrlichen Blicken ins Rhônetal und das gegenüberliegende Val d'Anniviers! Am Ende kommt man wieder in dichteren Wald, quert einen kleinen Graben nach Brand und trifft kurz darauf auf einen Fahrweg, der von Varen in den Varnerwald führt. Auf ihm geht man etwa 1 km abwärts bis oberhalb **Varen**, wo ein Fußweg direkt in den Ort hinableitet.

21 Heida-Rebenweg Visperterminen

Lehrpfad zum höchsten Weinberg Mitteleuropas

Visp – Rebberg – Hotee – Visperterminen

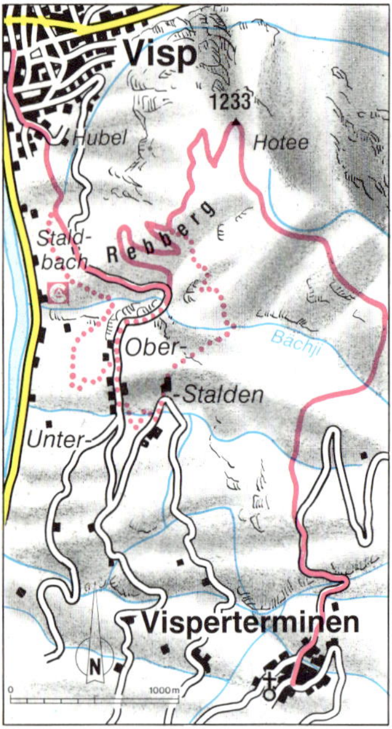

Talort und Ausgangspunkt: Visp, 650 m; Kleinstadt an der Mündung der Vispa ins Rhônetal, Abzweigung der Bahnlinie nach Zermatt (Mattertal) und der Fahrstraßen nach Täsch und Saas Fee (Saasertal).
Endpunkt: Visperterminen, etwa 1340 m; Postbusverbindung mit Visp mit dichtem Fahrplan (etwa 9 Kurse täglich, 25 Min. Fahrzeit, 10 km).
Gehzeiten: Visp – Bächji ½ Std., Bächji – Hotee (Rebenweg) 1¼ Std., Hotee – Visperterminen 1 Std.; gesamt ca. 2½ bis 3 Std.
Anforderungen: Einfache Wanderung auf guten und markierten Wegen.
Höchster Punkt: Etwa 1340 m bei Visperterminen.
Einkehrmöglichkeiten: Unterwegs keine, Gasthäuser in Visp, Staldbach und Visperterminen.
Sehenswertes: Im Rebberg sind Informationstafeln über die hier angebauten Weinsorten aufgestellt, wobei bei den weißen Sorten die wichtigsten der Chasselas, Gutedel (Fendant), Gros Rhin (Johannisberg) und die älteste Rebsorte im Wallis, der Heida sind – bei den Roten der Pinot Noir, der zusammen mit dem Gamay gekeltert den bekannten und beliebten Dôle ergibt.

Ober- und Unterstalden sind kleine, noch weitgehend im alten Stil erhaltene Weiler, auch Visperterminen bietet ein sehenswertes, altes Dorfzentrum mit seinen engen Steigen zwischen den Häusern. In Unterstalden befindet sich die St.Jodernkellerei, die als Selbsthilfegenossenschaft für Visperterminen das Überleben der kleinen Weinbauern sichern hilft, da auch in der Schweiz die Weinwirtschaft chronisch an Überproduktion leidet. An Führungen oder Weindegustationen Interessierte mögen sich im Verkehrsamt Visp und der Jodernkellerei erkundigen. Wer lieber bergab unterwegs ist, fährt mit dem Bus nach Visperterminen, wo am Bushalt ein Wegweiser den Beginn des Heida-Rebenwegs anzeigt.
Man verläßt das alte Dorfzentrum von **Visp** in südlicher Richtung am Friedhof vorbei zum ersten Weinberg (**Hubel**, Wegweiser). Wenig unterhalb der

Jeder Quadratmeter Kulturland muß mühsam dem Berg abgerungen werden.

Straße nach Visperterminen führt der Weg durch die Reben in den Graben (Bächji), an dessen Grund man die Straße überquert (von hier Abstecher in 10 Min. zur **Kellerei**). Nun geht man auf dem breiten Weg in großen Kehren durch den höchstgelegenen Weinberg Europas, auf Tafeln findet man interessante Informationen über den Weinbau in dieser Region. Oben gelangt man in den Wald und zur aussichtsreichen Lichtung **Hotee**. Der Weg steigt nur mehr kurz an, dann führt er fast eben und mit großer Aussicht bis nach **Visperterminen**.

22 Gebidum

Mühelose Wanderung zu einem interssanten Aussichtspunkt

Visperterminen – Giw – Gebidumpass – Antoniuskapelle – Visperterminen

Talort: Visperterminen, etwa 1340 m; schöne Siedlung in aussichtsreicher Lage hoch über dem Vispertal. Postbusverbindung mit Visp bei dichtem Fahrplan (etwa 9 Kurse täglich, 30 Min. Fahrzeit, 13 km).
Ausgangspunkt: Bergstation Giw, 1976 m, der Sesselbahn von Visperterminen; Restaurant.
Gehzeiten: Giw – Gebidum ¾ Std., Abstieg über Giw nach Visperterminen 1 ¾ Std.
Anforderungen: Gute Wanderwege, ein kurzes Stück oberhalb Giw ist leider durch Skipistenbau verunstaltet.
Höchster Punkt: Gebidumpass, 2201 m.
Sehenswertes: Interessante Blicke über das Mattertal auf die gegenüberliegende Weisshorngruppe, vom Paß auch in das abgelegene Nanztal. Wasserleitung vom Nanztal zum Paß. Wunderschöner Waldweg zur Antoniuskapelle. Sehenswerter alter Ortskern von Visperterminen.

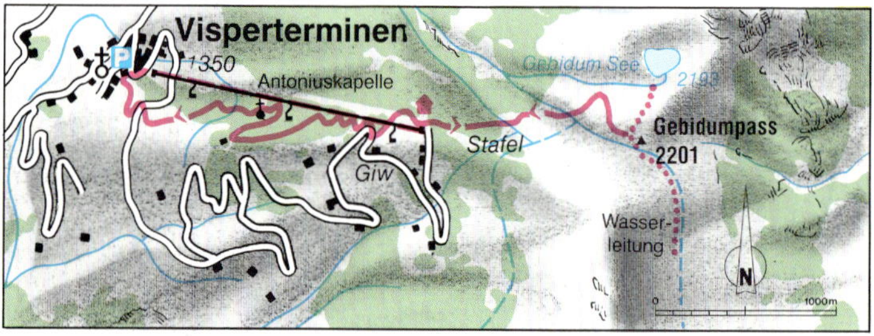

Diese Wanderung führt auf den aussichtsreichen Höhenrücken des Gebidum, der sich von der Weissmiesgruppe bis zum Rhônetal weit vorschiebt. Der Abstieg an der Antoniuskapelle vorbei führt durch einen besonders schönen Bergwald.

Von der **Bergstation** führt der breite Weg, im unteren Teil kurz über die häßlich entstellte Pistenschneise, ostwärts zur Stafel und dann über offenes Gelände zum **Gebidumpass**. Es lohnt sich unbedingt, noch einige Meter ins Nanztal an der alten Wasserleitung zu gehen, ebenso sollte ein Abstecher zum herrlichen Paßsee nicht ausgelassen werden! Kurzer Rückweg zur Station, dann folgt man dem wunderschönen Fußweg durch den Bannwald oberhalb von Visperterminen in einigen Kehren zur **Antoniuskapelle**. Am Waldrand, entlang der Wiesen unter dem Lift, zur geteerten Fahrstraße hinab und auf dieser zum Ort zurück.

Blick von der Moosalp über das Vispatal nach Visperterminen, darüber Monte Leone.

23 Gsponer Höhenweg

Aussichtsbalkon hoch über dem Saastal

Gspon – Oberfinilu – Lindeboden – Kreuzboden – Saas Grund

Talorte: Stalden, etwa 800 m; oberhalb der Vereinigung der Vispa-Täler gelegen, altes Dorfzentrum. Saas Grund, 1559 m; Hauptort im Saastal. Busverbindung mit Visp über Stalden.

Ausgangspunkt: Gspon, 1893 m; idyllisch gelegene kleine Siedlung hoch über Stalden. Der Ort ist nicht mit dem Auto erreichbar, eine Seilbahn verbindet ihn mit Stalden bei dichtem Fahrplan.

Parken: Wenige Parkplätze in Stalden; günstiger in Visp bei An- und Rückreise mit Bus oder Zug.

Gehzeiten: Gspon – Oberfinilu ¾ Std., zum Lindeboden 1½ Std., Schlußetappe zur Station Kreuzboden 2 Std. Insgesamt etwa 4 bis 5 Std.

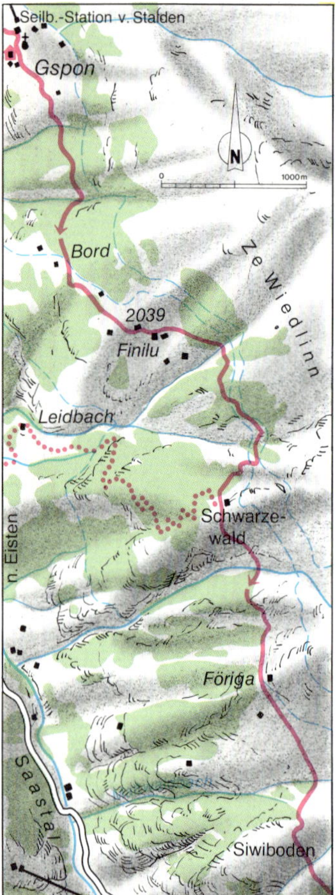

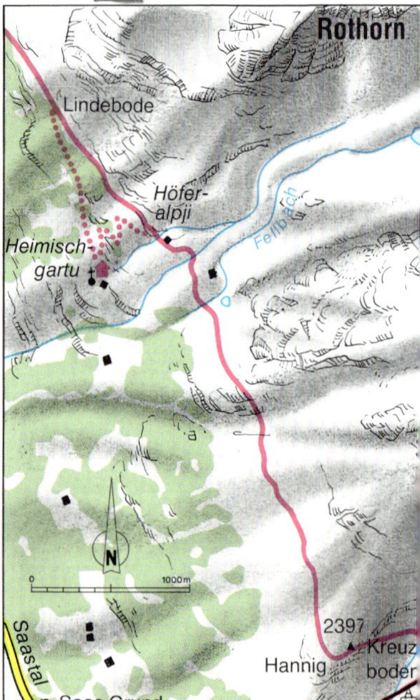

Die Hütten von Bord mit Blick auf die Balfringruppe.

Anforderungen: Gute Wege mit ausreichender Markierung. Trotz der Weglänge (12,5 km) nur wenig anstrengend.
Höchster Punkt: Etwa 2400 m, kurz vor Erreichen des Kreuzbodens.
Einkehrmöglichkeiten: Gasthäuser in Gspon; Restaurationsbetrieb auf der Station Kreuzboden. Restaurant Heimischgarten, 2100 m, in nur knapp 10minütigem Abstieg vom Lindeboden erreichbar (geöffnet im Sommer, gute Übernachtungsmöglichkeit; Tel. 028 572920), Rückkehr zum Höhenweg in gut 20 Min.
Sehenswertes: Kapelle mit schönem Kruzifix in Gspon aus dem Jahr 1694. Wunderschöne Tiefblicke ins Saastal und auf die gegenüberliegende Mischabelgruppe. Interessante Anlage der Wasserleitungen.

Von der Station in **Gspon** auf breitem Weg in südlicher Richtung durch blumenreiche Almwiesen zu dem Lärchen- und Zirbenwald, den man fast eben bis oberhalb der Hütten von Bord quert. Gleich dahinter, an der Alm **Finilu**, steigt der Weg etwas an und überquert darauf einige steile Runsen längs der kunstvoll angelegten Wasserleitung. Man gelangt zur herrlich gelegenen Hütte **Obere Schwarze Wald** (Steilabstieg nach Eisten möglich) und quert noch weitere tiefe Gräben – dann ist die Mattwaldalp mit der Alphütte **Färiga** erreicht. Nach Überqueren des Mattwaldbaches kommt man zur Almebene des **Siwibodens** und durch eine schöne Felszone zum malerischen **Lindeboden**. Weiter geht es eben in den Grund des Fellbaches, der Saas Balen früher arg mit Hochwasserausbrüchen bedroht hat. Schließlich wird auf dem kürzlich hergerichteten Wegabschnitt unter dem Jegihorn vorbei mit immer schöneren Ausblicken in den Kessel von Saas Fee die Station **Kreuzboden** der Gondelbahn von Saas Grund erreicht.
Rückfahrt mit der Bahn oder Talabstieg (zu Fuß etwa 1½ Std.).

24 Höhenweg Almagelleralp – Kreuzboden

Aussichtsbalkon gegenüber den Mischabel-Viertausendern

Saas Almagell – Hotel Almagelleralp – Kreuzboden – Saas Grund

Talort und Ausgangspunkt: Saas Almagell, 1660 m. Siehe Tour 25.
Gehzeiten: Saas Almagell – Hotel Almagelleralp 1¾ Std.; Höhenweg zum Kreuzboden 3 Std., bei Abstieg über Trift nach Saas Grund 3¼ Std.
Anforderungen: Unschwierige Bergwanderung auf guten Wegen, an der Weissflue wird allerdings eine ziemlich steile Flanke gequert – auch hier ist der Steig gut, aber man sollte schon trittsicher und schwindelfrei sein.
Höchster Punkt: Kreuzboden, ca. 2480 m.
Einkehrmöglichkeiten: Hotel Almagel-

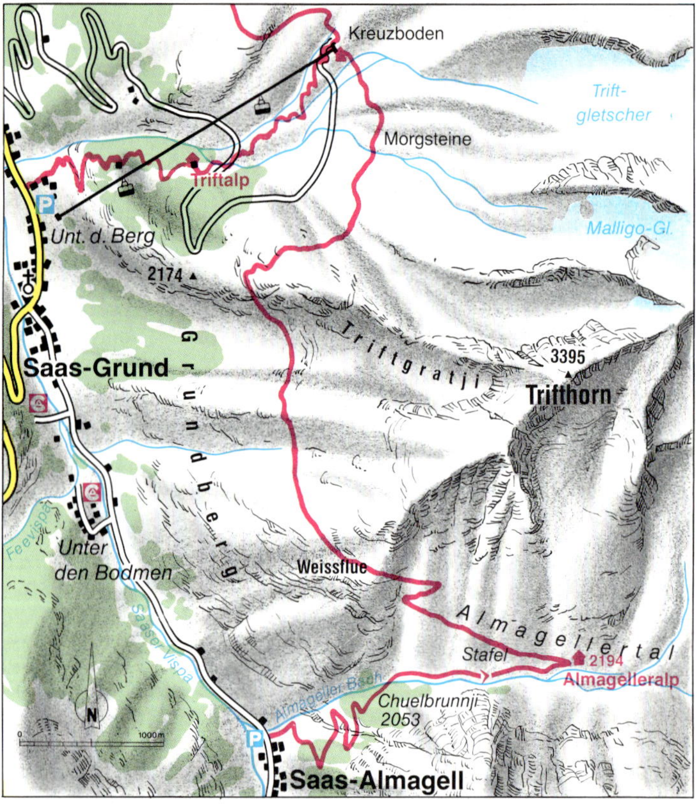

Das Hotel Almagelleralp mit der Portjengratgruppe.

leralp, 2194 m (offen im Sommer mit Restaurationsbetrieb und guten Übernachtungsmöglichkeiten in Zimmern und Lagern. Tel. 028 571736). Restaurant Station Kreuzboden, 2397 m. Triftalp, 2072 m (offen im Sommer, Restaurant und Übernachtungsmöglichkeiten).
Sehenswertes: Großartige Aussicht auf die Mischabelkette schon beim Anstieg zur Almagelleralp, später auf dem Höhenweg öffnet sie sich dann in aller Pracht.

Eine Übernachtung auf der Almagelleralp ist für diese Wanderung nicht nötig, kann aber sehr empfohlen werden: Dann beginnt man den Höhenweg ganz bequem schon früh am Morgen und kann die besonders schöne Beleuchtung der gegenüberliegenden Berge im Morgenlicht so richtig genießen. Die Benutzung der Kreuzbodenbahn erspart den landschaftlich zwar sehr reizvollen, aber auch kniequälenden Abstieg nach Saas Grund.
Der Weg beginnt in **Saas Almagell** am Parkplatz unter der Schlucht des Almageller Baches und führt in einigen Kehren durch lichten Lärchenbestand zur Brücke **Chuelbrunnji**, 2053 m, oberhalb der Schlucht. Nur noch schwach ansteigend leitet der Weg nördlich des Baches zum Hotel **Almagelleralp**. Von der Hütte steigt der Weg über das Almgelände bis oberhalb der Felsen der **Weissflue**, wo die horizontale Querung auf neuer Trasse bis zum Trift-Kessel beginnt (der tiefergelegene, alte Weg kann nicht mehr benützt werden). Schließlich über der Triftalp leicht fallend zur Station **Kreuzboden**.
Abstieg zu Fuß über die Triftalp nach Saas Grund: Auf dem Fußweg, anfangs im Bereich des Fahrwegs, dann über das Rasengelände der Alp zu den Hütten von Trift absteigen. Von hier aus in kurzen Serpentinen steil durch den schönen Lärchenbestand direkt nach **Saas Grund**.

Sparsame Markierungen im Fels und davor

25 Monte-Moro-Pass

Der wohl zurecht bekannteste Aussichtspunkt in die höchste Wand der Alpen, die Monte-Rosa-Ostwand

Mattmark-Stausee – Tälliboden – Monte-Moro-Pass – Mattmark-Stausee

Talort: Saas Almagell 1660 m. Ruhiger Urlaubsort im Saasertal.
Postbusverbindung mit Saas Grund (etwa stündliche Kurse bei 8 Min. Fahrzeit), Anschluß an die Postkurse nach Saas Fee und Visp.
Ausgangspunkt: Mauerkrone des Mattmark-Stausees, im Sommer Fahrstraße und Busverbindung von Saas Almagell (etwa 10 Kurse täglich, 17 Min. Fahrzeit, 9 km).
Parken: In Saas Almagell und an der Mauerkrone.
Gehzeiten: Staumauer – Stausee-Südende 3/4 Std., weiter zum Tälliboden 1 Std. und von dort zum Paß 1 Std.; insgesamt knapp 3 Std. Im Abstieg etwa 1 3/4 bis 2 Std.
Anforderungen: Unschwierige Bergwanderung (Fahrweg bis zum südlichen See-Ende), vom Tälliboden markierter Steig zum Paß (alter Handelsweg aus dem 13. Jh.!).
Im Frühsommer können einige Altschneefelder in der Flanke oberhalb des Tällibodens etwas heikel sein.
Höchster Punkt: Monte-Moro-Pass, 2870 m.
Einkehrmöglichkeiten: Rifugio Città di Malnate, gut 5 Min. westlich unterhalb der Paßhöhe auf der italienischen Seite gelegen (Ausweis nicht vergessen), Bergstation der Seilbahn von Macugnaga.
Sehenswertes: Ostwand des Monte-Rosa-Massivs, die höchste Wandflucht der gesamten Alpen.
Der Monte-Moro-Pass war schon seit vielen Jahrhunderten ein rege benutzter Übergang. Das obere Tal von Macugnaga wurde von den Walsern vom Wallis aus besiedelt, einige Walser-Relikte, insbesondere im Baustil alter Häuser und bei Flurnamen, haben sich bis heute erhalten.

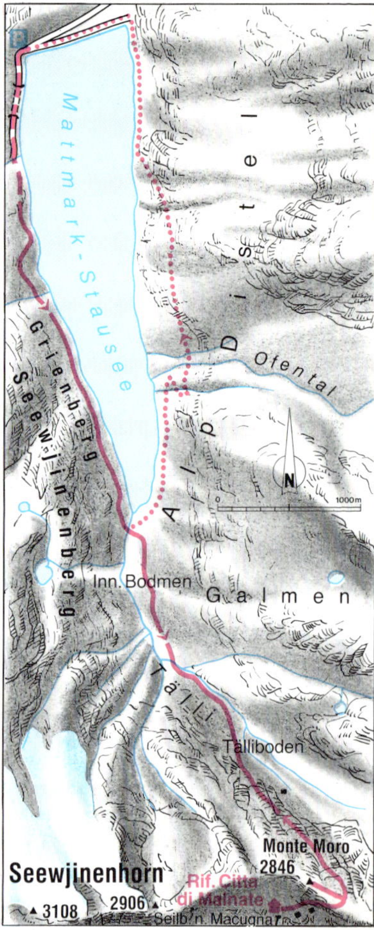

Monto Moro: Schaukanzel zur Monte-Rosa-Ostwand.

Die Ostwand des Monte Rosa pflegt sich an schönen Sommertagen üblicherweise schon sehr früh hinter Quellwolken zu verbergen (im Bereich des Moro beginnt die Wolkenbildung fast immer als erstes im weiten Umkreis!), außerdem liegt die Wand ab Mittag größtenteils im Schatten. Ein entsprechend früher Aufbruch im Tal ist deshalb zu empfehlen, so daß man spätestens zwischen 9 und 10 Uhr oben ist!
Von der **Staumauerkrone** geht man auf dem Fahrweg am Westufer des Sees leicht aufwärts durch zwei kurze Tunnels und dann fast eben bis zu dessen Südzipfel – das Mattengelände des Grienberg genannten Hanges am Wegesrand ist bekannt für seinen Blumenreichtum! Bei der Brücke nimmt man den weiter taleinwärts ziehenden Pfad (die hier angegebenen 3 Std. Gehzeit stimmen nun wirklich nicht). Mäßig ansteigend gelangt man ins Tälli und nach einer weiteren Brücke zum **Tälliboden**. Auf einem großen Felsblock sind wieder Zeichen aufgemalt, sie weisen unmißverständlich zur felsendurchsetzten Flanke des Monte Moro, durch die der historische Weg aus dem Mittelalter (!) auf natürlichen Bändern und künstlichen Steinplatten-Treppen in nahezu gleicher Richtung zum **Paß** führt. Wenig westlich über der tiefsten Einschartung steht eine große Statue auf dem Grenzkamm und markiert einen besonders schönen Aussichtspunkt, auf der Südseite ist die nahe Malnate-Hütte zu sehen.
Abstieg: Wie Aufstieg, am Stausee empfiehlt es sich jedoch, die 150 Höhenmeter Zusatzaufstieg des Weges am Ostufer nicht zu scheuen – man gewinnt damit noch interessante Ausblicke auf das Strahlhorn und verlängert die Wanderung um kaum mehr als 20 Minuten.

26 Britanniahütte, 3030 m, und Klein Allalin, 3070 m

Geologisch-mineralogische Wanderung mit prächtigen Ausblicken.

Saas Fee – Plattjen – Heidefridhof – Britanniahütte – Klein Allalin – Egginerjoch – Felskinn-Bergstation

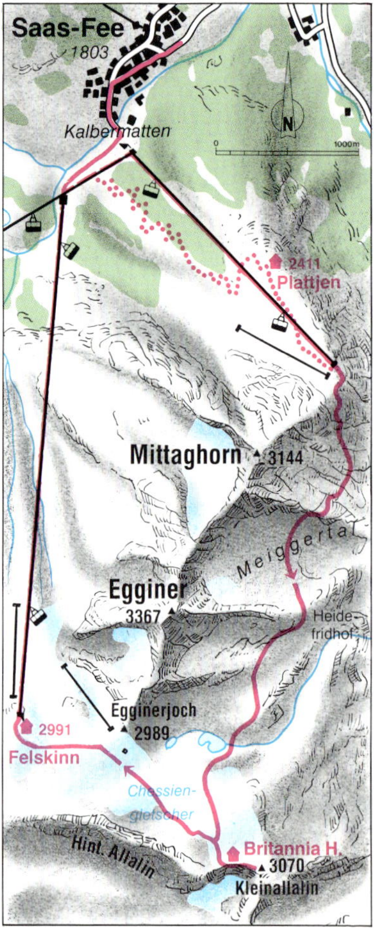

Talort: Saas Fee, 1790 m.
Ausgangspunkt: Bergstation Plattjen der Gondelbahn von Saas Fee / Kalbermatten (Betrieb von Anfang Juli bis Mitte November).
Parken: Saas Fee selbst ist autofrei, am Ortsbeginn befinden sich große gebührenpflichtige Parkplätze und Parkhäuser. Postbusverbindung mit Visp über Saas Grund (etwa stündliche Fahrten zwischen etwa 6.30 und 19.30 Uhr).
Gehzeiten: Bushaltestelle – Talstation $^1/_4$ Std., Aufstieg zum Berghaus Plattjen $1^1/_2$ Std., zur Bergstation 20 Min., Bergstation – Britanniahütte 2 Std., Abstecher zum Klein Allalin $^1/_4$ Std., Britanniahütte – Station Felskinn $^1/_2$ Std. Gesamtgehzeit $4^1/_2$ Std., bei Benutzung der Plattjen-Gondelbahn etwa 2 $^3/_4$ Std.
Anforderungen: Gute, markierte Wege bis weit oberhalb der Vegetationsgrenze. Der kleine und praktisch spaltenlose Chessjengletscher ist nicht steil und kann mit gutem Schuhwerk normalerweise ohne Probleme begangen werden. Breite Trasse zur Station Felskinn über den oberen Teil dieses Gletschers immer vorhanden.
Höchster Punkt: Klein Allalin, 3070 m.
Einkehrmöglichkeiten: Berghaus Plattjen, 2411 m (privat, im Sommer bewirtschaftet, keine Übernachtung); Britanniahütte, 3030 m (SAC; Verpflegung und Übernachtungsmöglichkeit, in der Hauptsaison jedoch oft überfüllt – Voranmeldung!); Bergstation Felskinn, 2991 m (Restauration während der Betriebszeiten der Seilbahn).
Sehenswertes: Saas Fee: Schöner Dorfplatz, Gletschergrotte. Wunderschöner Blick von Plattjen aus in den Talkessel von Saas Fee, über dem Vispatal ragt das formschöne Bietschhorn hervor. Gesteinsformationen am Egginer.

Steinböcke am Heidefridhof.

Der Weg unter dem Egginermassiv wurde als geologischer Lehrpfad eingerichtet: Die interessante Geologie dieser Region rührt vom Zusammenstoßen zweier „Decken“, also verschiedener Gesteinseinheiten her. Im Ort ist ein kleiner geologischer Führer erhältlich. Der Weg ist in beiden Richtungen sehr zu empfehlen, in umgekehrter Richtung verläuft die Route fast völlig im Abstieg.
Von der Talstation im Ortsteil **Kalbermatten** geht man wenige Minuten auf den Feegletscher zu, dann zweigt nach links ein Weg am Rand einer Schneise ab, der in vielen Kehren zum Berghaus führt. Von dort leitet ein breiter Weg parallel zur Gondelbahn nicht mehr allzu steil zur Bergstation **Plattjen**. Man gelangt mit wenigen Schritten zu einem gewaltigen Blockfeld, wo die Aussicht ins Saastal besonders schön ist. Gut markiert führt der Weg durch diese Halde und weiter auf einem rasendurchsetzten Band unter dem Mittaghorn in das weite Kar des Meiggertals und jenseits bequem zum **Heidefridhof**, einer herrlichen Rast- und Schaukanzel. Auf einem kurzen Band leitet der Weg in den Geröllkessel unter dem Chessjengletscher, über den man schräg zur nahen **Britanniahütte** aufsteigt. Abstecher zum **Klein Allalin:** Von der Hütte steigt man nach Osten kurz in den Sattel ab und erreicht über den manchmal schneeigen, oben schuttbedeckten Rücken den nahen Gipfel. Querung zum **Egginerjoch** und zur **Station Felskinn**: Eine normalerweise breite Trasse im Schnee führt fast eben unter den Felsen des Hinterallalins zum Joch hinüber, schwenkt dann nach Westen bis oberhalb der Station, zu der man zuletzt kurz absteigt.

27 Höhenweg Balfrinalp

Interessanter Höhensteig unter dem Balfrin

Saas Bidermatten – Stafelalp – Senggboden – Saas Bidermatten

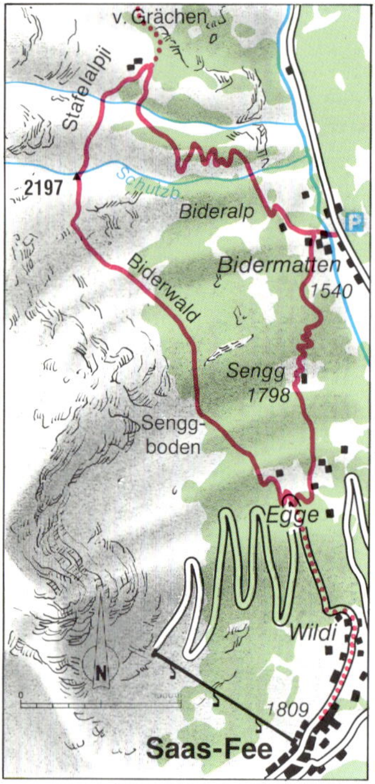

Talort und Ausgangspunkt: Saas Bidermatten, 1540 m; Ansiedlung westlich der Saaser Vispa zwischen Saas Balen und Saas Grund. Der Weiler besteht fast ausschließlich aus alten Walliser Häusern mit verwinkelten Gassen. Gute Busverbindungen von Stalden/Visp und Saas Fee (etwa stündlich zwischen etwa 6.30 und 19.30)

Parken: An der Zufahrtsstraße vor dem Ort; im Ort keine Parkmöglichkeit.

Gehzeiten: Bidermatten – Stafelalp 1¾ Std., Stafelalp – Senggboden ¾ Std., Abstieg nach Bidermatten ¾ Std.

Anforderungen: Gute, ausreichend markierte Wanderwege

Höchster Punkt: Stafelalp, Brücke über den Schutzbach, 2197 m.

Einkehrmöglichkeit: Keine.

Sehenswertes: Bidermatten, eine recht ursprünglich erhaltene kleine Siedlung. Herrliche Bäume im Bereich der Baumgrenze. Reste einer alten Wasserleitung beim Senggboden. Fast durchgehend schöne Aussicht auf die Weissmiesgruppe.

Herbstlicher Tiefblick von der Balfrinalp auf Saas Grund.

Zwischen Stafelalp und Senggboden ist dies ein Teilstück des großartigen Höhenweges von Grächen nach Saas Fee, siehe auch Tour 28 (Seetalpass).

Von der Vispa-Brücke geht man durch den Ort **Bidermatten** hinauf und hält sich dann nach rechts am Waldrand entlang zur oberen Brücke über den Biderbach. Nun steigt der Weg schräg nach rechts am Hang aufwärts und überquert die Rinne des Schutzbaches, Abzweigungen zur Bideralp läßt man dabei links liegen. In vielen Kehren führt der Weg nun im lichten Wald hinauf zur Schwarzbergweid und quert dann leicht steigend in den nächst-

gelegenen, nördlichen Graben, über dessen jenseitigem Ufer die Hütten der **Stafelalp** stehen – wunderschöne, malerische Lärchen und Zirben finden sich in diesem Hangbereich.

Rückweg nach Bidermatten über den Senggboden: Der Weg steigt nun nur noch ein kurzes Stück nach Westen an, bis man endgültig die Baumgrenze erreicht hat; er führt fast eben durch den Kessel mit dem Abfluß des Bidergletschers und senkt sich dann gleichmäßig längs einer alten Wasserleitung durch den Biderwald zum **Senggboden**. Man geht noch gut einen Kilometer weiter leicht fallend zur Lichtung **Egge**, wo der Weg nach Saas Fee (dorthin in 20 Min.) abzweigt. Nun steigt man ab, bis man wieder fast eben in nördlicher Richtung nach **Sengg** wandern kann. Man überquert die Fahrstraße und steigt in steilen Serpentinen in den Talboden ab. Am Waldrand entlang führt der Weg schließlich wieder nach **Bidermatten** zurück.

28 Seetalpass, 2980 m

Eindrucksvolle Wanderung hoch über den Vispertälern

Grächen – Seetalpass – Seetal – Balfrinalp – Hannigalp – Grächen

Talort und Ausgangspunkt: Grächen, etwa 1600 m. Busverbindung mit St.Niklaus (etwa 14 Kurse täglich, 25 Min. Fahrzeit, 9 km). Im Ort sind alle Parkplätze gebührenpflichtig.
Gehzeiten: Bergstation – Seetalpass ½ Std., Abstieg zur Rote Biel (Balfrinalp) 1 Std., Weiterweg zur Hannigalp 2¼ Std.; gesamt knapp 4 Std.
Anforderungen: Der gesamte Weg ist für Bergwanderer ohne Schwierigkeiten zu begehen, aber steile Tiefblicke!
Höchster Punkt: Seetalpass, 2980 m
Einkehrmöglichkeiten: Restaurants an den Bergstationen der Seetalhorn- und der Hannigalpbahn.

Sehenswertes: Schöne Kornstadel weisen auf die frühere Bedeutung des Getreideanbaus in Grächen hin. Vier Wasserleitungen bringen das Wässerwasser zu den Wiesen und Feldern. Wenig oberhalb des Dorfes befindet sich ein kleiner malerischer See.
Bemerkung: Geübten Bergwanderern kann von der Balfrinalp aus ein kleiner Steig zum Wannehorn empfohlen werden, er verläuft über dem beschriebenen Weg auf schmalen Rasenbändern in der sehr steilen Flanke des Distelhorns (markiert). Außerdem besteht von der Balfrinalp aus eine gute und interessante Wegverbindung zu Tour 27 nach Saas Fee.

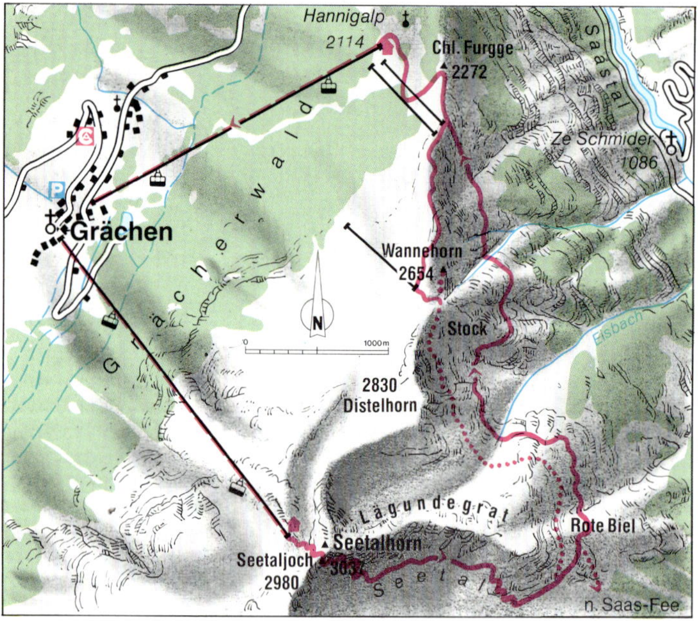

Weisshorn-Blick vom Seetalpass.

Der Gipfelkamm um das Seetalhorn befindet sich in einem Zustand weitestgehenden Zerfalls, die monolithischen Gipfelfelsen scheinen allen Gesetzen der Schwerkraft Hohn zu sprechen und überragen beidseitig ein gewaltiges Trümmermeer – das Seetal auf der Ostseite macht dabei den Eindruck einer regelrechten Mondlandschaft. Die große Querung unter dem Distelhorn vermittelt wieder besonders schöne Blicke in das Saastal und auf die Gipfel der Weissmiesgruppe.

Von der **Bergstation** geht man auf dem Weg in einigen Zickzacks durch die Trümmerhalde zum **Seetalpass**, 2980 m. Auf der anderen Seite nur wenige Meter etwas steiler abwärts, dann in angenehmem Gefälle auf der Nordseite des trümmergefüllten Seetals zum unteren Ende des **Lägundegrates** (Hochalmgelände der Rote Biel), wo der Weg nach Saas Fee wie auch die alpine Variante unseres Weges zum Wannehorn abzweigen (siehe oben). Der gute Weg führt nun in den Kessel des Eistbaches, durch teilweise atemberaubend steile Flanken, und auf der anderen Seite um den Stock herum – er zeichnet sich durch besonders schöne Aussicht aus. Quer durch die Ostseite des Wannehorns gelangt man an den Rücken der **Hannigalp**, wo man auch wieder an die Waldgrenze mit besonders schönem Zirbenbestand kommt. Mit wenigen Schritten erreicht man die Bergstation der Gondelbahn. Rückfahrt mit der Bahn (zu Fuß etwa 1¼ Std.).

29 Grathorn, 2273 m

Interessanter Aufstieg zu dieser bemerkenswerten Aussichtswarte über dem Mattertal

Gasenried – Schalbettu – Grathorn – Gasenried

Talort und Ausgangspunkt: Gasenried, 1659 m; kleine Siedlung am Südende der Grächener Sonnenterrasse hoch über St.Niklaus. Busverbindung mit St.Niklaus (etwa 7 Kurse täglich, 25 Min. Fahrzeit, 8 km), kleiner Parkplatz im Ort.
Gehzeiten: Gasenried – Grathorn 2 Std., im Abstieg 1¼ Std.
Anforderungen: Guter, bezeichneter Weg, streckenweise jedoch ziemlich steil angelegt.
Höchster Punkt: Grathorn, 2273 m.
Einkehrmöglichkeit: Keine.
Sehenswertes: In Gasenried hat noch nicht der touristische Bauboom das über Jahrhunderte gewachsene Dorfbild zerstört, die den steilen Hängen abgerungenen Wiesen und Felder geben noch immer Zeugnis der überaus beschwerlichen Bergbauern-Arbeit. Im Wald um Gasenried kommt als Unikat eine Ameisenart vor, die unglaublich große Ameisenhügel baut (über 3 m hoch, aber bitte nicht berühren!). Großartige Aussicht über das Mattertal auf die Weisshorngruppe, vor allem das Brunegghorn, sowie talauswärts zu den Berner Alpen.

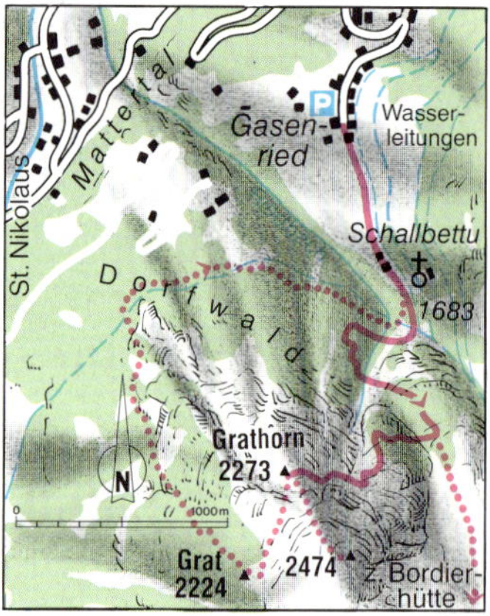

Vom Gipfelplateau des Grathorns hat man schöne Einblicke in die Weisshorngruppe.

Von **Gasenried** geht man auf dem ebenen Sträßlein in etwa 5 Minuten zu der kleinen Kapelle **Schalbettu**. Man folgt hier dem mit „Bordierhütte“ gekennzeichneten Weg über den Abfluß des Riedgletschers noch wenige Meter ziemlich eben, bis nach links bei einem Wegweiser ein Steiglein in kurzen steilen Kehren durch den lichten Wald abzweigt. Auf diesem aufwärts, durch den Auslauf einer Lawinenrinne und bis in die Nähe der linken Seitenmoräne des Riedgletschers. Kurz bevor man diese Stelle erreicht, zweigt nach rechts ein Weg ab, auf dem man den Bordierhütten-Aufstieg verläßt und der diagonal aufwärts die steile Flanke quert. Weiter oben traversiert man die Lawinenrinne erneut und quert schließlich auf die freie Fläche hinaus, auf deren westlicher Ecke das Kreuz des **Grathorns** steht. Wenn man noch etwa 200 Höhenmeter weglos nach Südosten auf die mit 2474 m kotierte Kuppe steigt, hat man einen atemberaubenden Tiefblick auf den Riedgletscher zwischen der Balfrin- und Nadelhorngruppe.

Abstieg: Auf dem Aufstiegsweg. Anspruchsvolle Alternative: Man steigt auf Wegspuren südwärts in der Westflanke des Mittelberges zur alten Alphütte **Grat**, 2224 m, ab und folgt dann dem steilen, teilweise nur wenig deutlichen und sehr spärlich markierten Pfad, der unter den Felsabbrüchen des Grathorns vorbei an eine Wasserleitung führt, über der man dann auf einem breiten Weg wieder nach Schalbettu und Gasenried zurückkehrt.

30 Tufteren Höhenweg

Die wohl schönste Annäherung an Zermatt

Täsch – Täschalp – Tufteren – Zermatt

Talort: Täsch, 1450 m; Ende der Fahrstraße von Visp, große gebührenpflichtige Parkplätze. Bahnverbindung mit Visp, dichter Pendelverkehr nach Zermatt.
Ausgangspunkt: Täschalp, 2214 m. Parkmöglichkeit. Kleine Sommersiedlung im Täschtal, Wirtshaus und kleine Kapelle. Erreichbar auf sehr schmalem Fahrsträßlein von Täsch, auch Taxi.
Gehzeiten: Aufstieg von Täsch zur Täschalp 2½ Std.; Täschalp – Tufteren 2 Std., Tufteren – Sunnegga 30 Min., Sunnegga – Findeln – Zermatt 1¼ Std.; gesamt gut 6 Std, ohne Aufstieg zur Täschalp etwa 4 Std. (Direktabstieg Tufteren – Zermatt ¾ Std.).

Anforderungen: Leichte Bergwanderung auf guten Wegen.

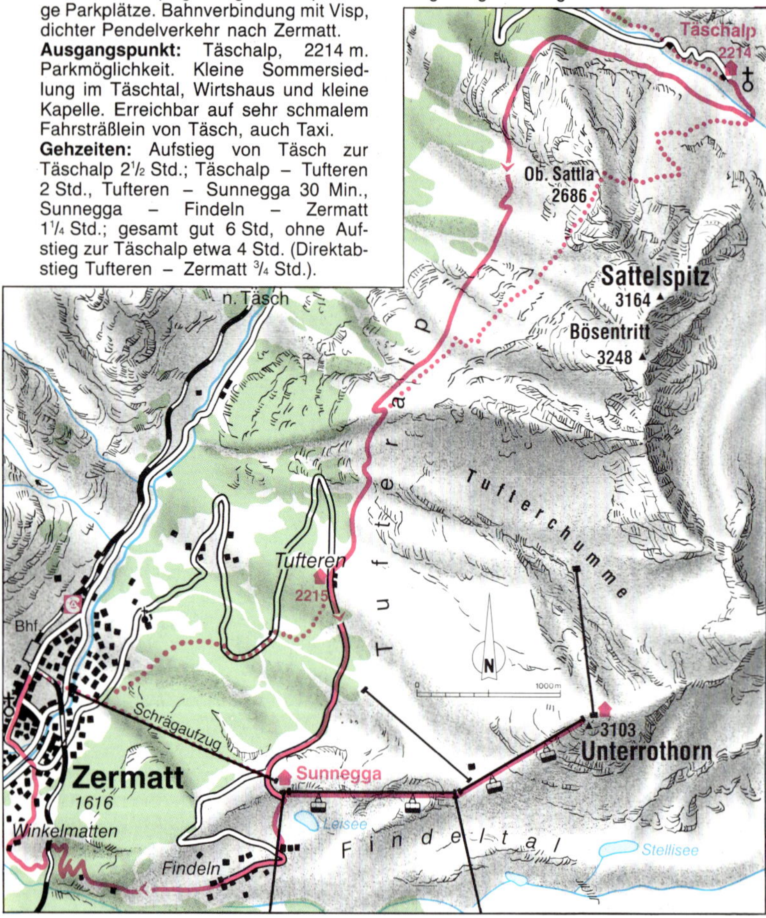

Malerische Bäume an der Waldgrenze säumen diesen Weg nach Zermatt.

Höchster Punkt: Etwa 2350 m.
Einkehrmöglichkeit: Restaurant auf der Täschalp und Tufteren, Sommerbewirtschaftung; Restaurant Sunnegga.

Sehenswertes: Bei dieser Wanderung präsentieren sich die bekanntesten und auch schönsten Berge um Zermatt von ihren „Schokoladenseiten".

Wer sich den Aufstieg zur Täschalp ersparen möchte, kann mit dem Taxibus auffahren. Von Sunnegga kann man mit der Bahn nach Zermatt abfahren, man versäumt dann aber einige hübsche Ausblicke!
Vom Bahnhof **Täsch** durch den Ort gerade nach Osten auf die kleine Schlucht des Täschbaches zu. Der Steig beginnt gleich bei der obersten Brücke im Dorf und führt in vielen Kehren über den steilen Wiesenhang, an Täschberg vorbei hinauf. Kurz vor Eggenstadel über die Fahrstraße, dann immer in der Nähe des Baches im hier weniger steilen Tal zur **Täschalp**.
Tufteren Höhenweg: Von den Häusern der Täschalp (Ottavan) geht man noch etwa 200 m taleinwärts und überquert den Täschbach auf einer Brücke. Hier zweigt ein Steig über das Ober Sattla ab, während der Höhenweg nun ziemlich eben durch den Nordhang des Sattelspitz führt. Hoch über Täsch biegt der Weg dann in südlicher Richtung ab und führt teilweise durch herrliche Lärchenbestände an der Waldgrenze mit allerschönsten Matterhornblicken zum Almgelände von **Tufteren**. Hier kann man auf einem schönen Waldsteig direkt nach Zermatt absteigen, doch empfiehlt sich der mühelose Weiterweg über **Sunnegga** sehr, kann dann doch auch das Gebiet des Findelgletschers eingesehen werden. Ein guter Weg leitet von der Bergstation Sunnegga am schönen **Leisee** vorbei nach **Findeln** hinab und schließlich über Winkelmatten nach **Zermatt**.

31 Oberrothorn, 3415 m

Wanderhöhepunkt über Zermatt

Zermatt – Unterrothorn – Furggji – Oberrothorn – Flue – Blauherd – Zermatt

Talort: Zermatt, 1616 m; weltbekannter Bergsteigerort am Fuß des Matterhorns. Anreise mit der Brig-Visp-Zermatt-Bahn (BVZ), auch Taxibusse von Täsch.
Ausgangspunkt: Unterrothorn, 3103 m; Bergstation der Bahnen von Zermatt über Sunnegga und Blauherd. Die Talstation befindet sich an der Vispa gleich gegenüber der Gornergratbahn; Betrieb im Hochsommer zwischen etwa 8.00 und 18.00 Uhr, dazu Sonnenaufgangsfahrten mit Frühstücksbuffet auf dem Bergrestaurant.
Parken: Zermatt ist autofrei, gebührenpflichtige Parkplätze in Täsch, freie Plätze in Visp für Bahnkunden.
Gehzeiten: Unterrothorn – Furggji 20 Min., Aufstieg zum Gipfel 1½ Std., Abstieg zur Flue 1½ Std., Flue – Station Blauherd ¾ Std.
Anforderungen: Einfache Bergwanderung auf gutem Steig, bei normalen Verhältnissen im Sommer trotz der großen Höhe schneefrei.
Höchster Punkt: Oberrothorn, 3415 m.
Einkehrmöglichkeiten: Bergrestaurant Unterrothorn, 3103 m (offen während der Bahnbetriebszeiten, keine Übernachtungen); Touristenhaus Fluhalp, 2618 m (Restaurationsbetrieb und Übernachtungsmöglichkeiten, bewirtschaftet im Sommer; Tel 028/672551).
Sehenswertes: Wie das Mettelhorn auf der anderen Talseite (Tour 34) zeichnet sich auch dieser Gipfel wegen seiner von dem Kranz der Viertausender abgesetzten Lage durch eine exzellente Aussicht aus – angefangen von den wilden Felsflanken von Dom und Täschhorn, über die Firngipfel zwischen Allalinhorn, Monte Rosa und Breithorn zum Matterhorn, das sich von hier in vollendeter Ebenmäßigkeit präsentiert und zu den Felsspitzen der Weisshorngruppe.

Diese Wanderung führt auf den höchsten in diesem Führer beschriebenen Gipfel, einen der höchsten für Wanderer zugänglichen Gipfel der Alpen überhaupt. Die Besteigung wird durch den hochgelegenen Ausgangspunkt enorm erleichtert, was sich natürlich auch in den großen Besucherzahlen ausdrückt. Auf gar keinen Fall aber darf auf die nötige Ausrüstung verzich-

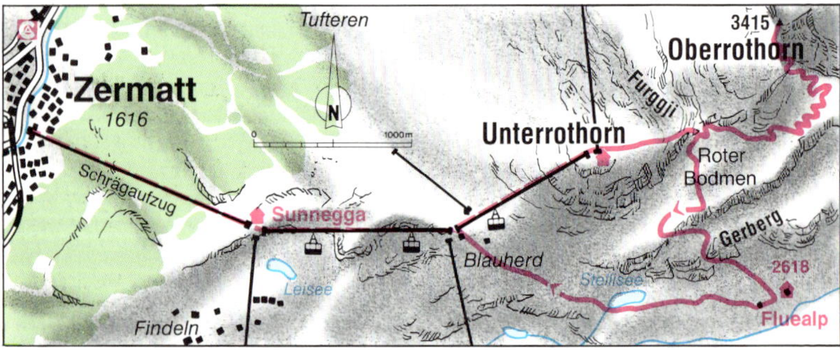

Das Wahrzeichen der Schweiz von seiner schönsten Seite.

tet werden, selbst im Hochsommer: Auch bei tropischen Temperaturen im Tal genügt schon eine kleine Wolke und ein leichter Wind, daß in dieser Höhe das Thermometer sofort unter den Gefrierpunkt absackt; es sollte nie vergessen werden, daß hier oben Niederschläge ganzjährig als Schnee fallen und dann die normalerweise guten Wanderwege sehr schnell nicht nur schlüpfrig werden, sondern auch schwerer zu finden sind.
Das ganze Gebiet um das Unterrothorn wurde für den Pistenskilauf kräftig umgestaltet und bietet leider auch ein Anschauungsobjekt für die Auswirkungen des in Massen auftretenden Menschen.
Von der Station **Unterrothorn** geht man ostwärts über den breiten, nahezu unbewachsenen Rücken zur **Furggji** hinab. Der Weg quert daraufhin die Südflanke des Oberrothorns und steigt dann in Kehren zu dessen Südostrücken hinauf. Zuletzt ersteigt man über den breiten und schuttbedeckten Gipfelkamm den höchsten Punkt des **Oberrothorns**.
Abstieg über die Fluealp zur Station Blauherd: Man hält sich bis zur Furggji an den Aufstiegsweg, dann steigt man nach Süden über mageres Alpgelände (Roter Bodmen), zur Flue ab, dabei führt der Weg bei Gerberg geschickt durch einige Fels- und Schrofenzonen. Kurz darauf erreicht man das Touristenhaus Fluealp, hier findet man bei herrlicher Aussicht eine angenehme Einkehrmöglichkeit.
Ab der **Fluealp** folgt man dem breiten Weg, der am malerischen **Stellisee** vorbei mit nur geringer Gegensteigung zur Station **Blauherd** leitet. Rückkehr nach Zermatt mit der Seilbahn oder zu Fuß über Sunnegga (Tour 30).

32 Gornergrat

Mit wenigen Schritten aus dem Trubel, Abstieg zum Gletscher vor riesiger Kulisse

Gornergrat – Gornergletscher – Rotenboden

Talort: Täsch, 1450 m; Weiterfahrt mit der Bahn nach Zermatt, dichte Zugfolge.
Ausgangspunkt: Station Gornergrat, 3135 m (Hotel, Übernachtungsmöglichkeit, Sternwarte, Endstation der Zahnradbahn von Zermatt, die auch von Visp her verschiedene interessante und vorteilhafte Preisarrangements, z.B. für Familien, anbietet).
Parken: In Visp (gratis für Bahnbenutzer) oder Täsch (gebührenpflichtig).
Gehzeiten: Gornergrat – Gornergletscher 1 bis 1¼ Std., Gletscher – Station Rotenboden 1 bis 1½ Std.
Anforderungen: Leichte Wanderung auf zunächst schmalem Steig (Abstieg zu Gletscher, Trittsicherheit erforderlich), Rückweg auf breitem Pfad.
Höchster Punkt: Gornergrat, 3135 m.
Einkehrmöglichkeiten: Hotel Gornergrat, Restaurants in Zermatt und Täsch.
Sehenswertes: Gornergrat, berühmtester und meistbesuchter Aussichtspunkt der Alpen, einzigartiges Panorama in die Viertausender-Runde von Zermatt. Weiterfahrt mit Seilbahnen zum Stockhorn, 3405 m, möglich; Tiefblick mit arktischen Eindrücken auf Gorner- und Grenzgletscher. Geführte Wildbeobachtungen im Sommer.

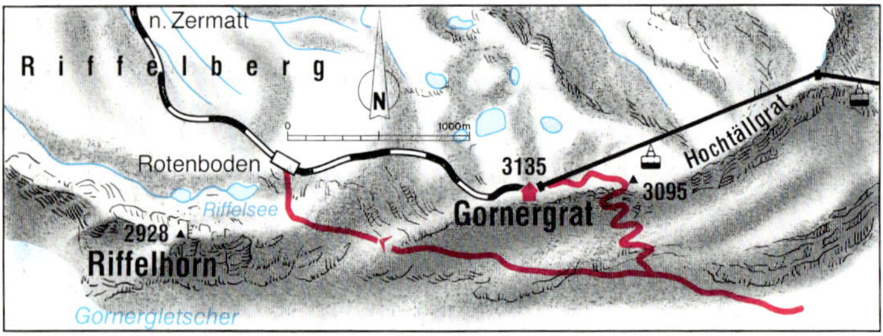

Abstieg zum Gletscher: Vom obersten ummauerten Bereich der **Gipfelstation** leicht absteigend östlich in 5 Min. zum Punkt 3095 m, wo der weitere Abstieg nach Süden abzweigt. In vielen Kehren tiefer, einmal durch eine leichte Felspassage zum Weg Rotenboden – Monte-Rosa-Hütte. Auf ihm östlich zum Gletscher, eindrucksvoll vereinigen sich hier die Eismassen von **Gorner- und Grenzgletscher** (Umkehrpunkt); 2,5 km südöstlich ist die Monte-Rosa-Hütte auf der Moräne zu erkennen, die Begehung des Gletschers zur Hütte erfordert jedoch alpine Erfahrung (markiert).
Rückweg zum Rotenboden: Der breite, gut markierte Steig führt leicht ansteigend durch die Hänge des Gornergrats zur Station **Rotenboden**. Die hier seit langem angesiedelte Steinbock-Kolonie ist wenig scheu.

Station Gornergrat: Sehenswertes Pilgerziel für Zermatt-Besucher.

33 Höhenweg Höhbalmen

Aussichtsbalkon vis à vis der Matterhorn-Nordwand.

Zermatt – Trift – Höhbalmen – Schwarzläger – Zmuttgletscher – Zermatt

Talort: Zermatt, 1616 m. Weltbekannter Bergsteiger- und Wintersportort am Ende des Mattertales. Der Ort ist autofrei, Zugverbindung mit Brig/Visp über Täsch.
Ausgangspunkt: Bahnhof Zermatt der Brig-Visp-Zermatt-Bahn.
Parken: Gebührenpflichtiger Parkplatz in Täsch; dichter Fahrplan Täsch-Zermatt der BVZ-Bahn. Kostenloses Parken am Bahnhof Visp für Bahnkunden möglich. Taxis Täsch – Zermatt.
Gehzeiten: Zermatt – Trift $2\frac{1}{4}$ Std.; Trift – Höhbalmen $1\frac{1}{2}$ Std.; Höhbalmen – Zmuttgletscher 1 Std.; Zmutt – Zermatt $1\frac{1}{2}$ – 2 Std.

Anforderungen: Leichte Wanderung auf guten, markierten Wegen.
Höchster Punkt: Schwarzläger, 2788 m.
Einkehrmöglichkeiten: Alterhaupt (Hotel Edelweiss), 1961 m; Trifthotel, 2337 m (Übernachtungsmöglichkeit; beide Häuser sind im Sommer geöffnet); Zmutt, 1936 m (Wirtshaus).
Sehenswertes: Triftschlucht, Triftgletscherkessel unter Obergabelhorn und Zinalrothorn; ab Höhbalmen hat man freie Blicke auf Strahlhorn, Monte Rosa und Breithorn, insbesondere aber auf die Nordwände von Matterhorn und Dent d'Hérens! Blumenreiche Wiesen.

Aufstieg zum **Trifthotel** durch die interessante Triftschlucht siehe Tour 34 Mettelhorn.

Höhenweg über Höhbalmen: Von **Trift** wählt man den zum Triftbach führenden Weg und steigt unter den Felsen der Triftflue, anfangs mit wenigen Serpentinen zur **Höhbalmstafel**, Punkt 2610 m. Damit hat man schon fast alle Aufstiegsmühen hinter sich und kann die großartigen Ausblicke über den gesamten Zermatter Talkessel von der Mischabelgruppe bis zum Monte-Rosa-Breithorn-Massiv besonders gut genießen.

Der Weg führt jetzt über die terrassenartige Almfläche von Höhbalmen in Südwest-, dann West-Richtung hoch über dem Tal des Zmuttgletschers und direkt gegenüber der Matterhorn-Nordwand entlang. Bei **Schwarzläger** hat man den höchsten Punkt der Wanderung erreicht, nun senkt sich

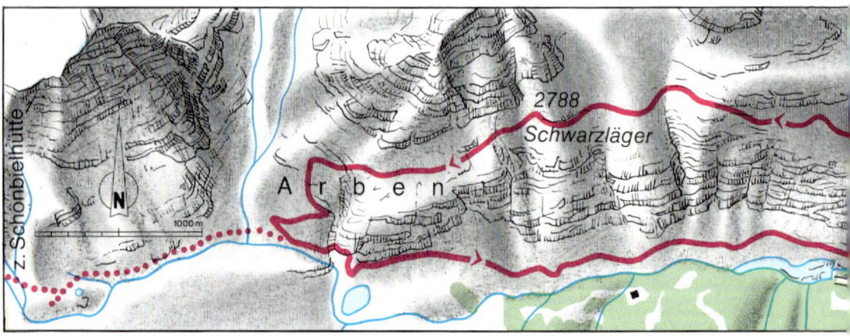

Dent d'Hérens, stiller Nachbar des Matterhorns über dem Zmuttgletscher.

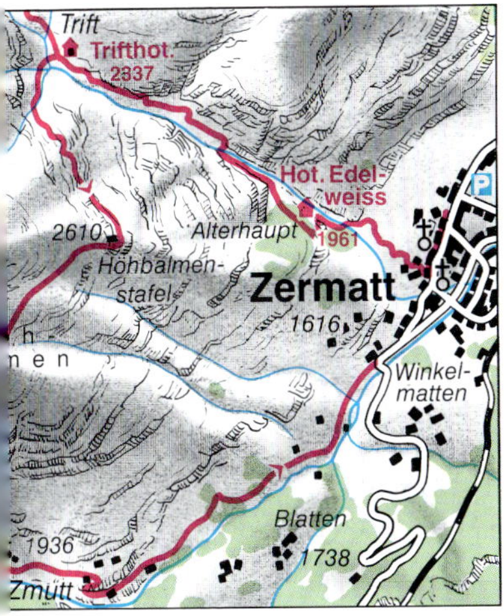

der Weg und führt in wenigen Serpentinen zur Seitenmoräne des Zmuttgletschers hinab.

Man folgt dem Pfad auf der Nordseite des Zmuttbaches abwärts zur kleinen malerischen Siedlung **Zmutt** und geht weiter auf dieser Talseite abwärts bis nach **Zermatt**.

Bemerkung: Bei der Seitenmoräne des Zmuttgletschers kann man über diese in etwa 1¼ Std. die im Sommer bewirtschaftete **Schönbielhütte** in landschaftlich großartiger Umgebung erreichen. Die Bergsteiger nutzen diese Hütte als Stützpunkt für hochalpine Touren wie Dent Blanche, Tête de Valpelline oder Dent d'Hérens.

34 Mettelhorn, 3406 m; Platthorn, 3345 m

Anspruchsvoller Wandergipfel mit überwältigend schöner Aussicht

Zermatt – Alterhaupt – Trift – Mettelhorn/Platthorn – Zermatt

Talort: Zermatt, 1616 m.
Ausgangspunkt: Bahnhof Zermatt der Brig-Visp-Zermatt-Bahn.
Parken: Großer, gebührenpflichtiger Parkplatz in Täsch; dichter Fahrplan Täsch-Zermatt der BVZ-Bahn zwischen etwa 6.30 und 23.00 Uhr, Fahrzeit etwa 11 Min. Kostenloses Parken für Bahnkunden am Bahnhof Visp möglich (etwa stündliche Kurse, Fahrzeit 1.10–1.20 Std.).
Gehzeiten: Zermatt – Trift 2¼ Std., Trift – Mettelhorn etwa 3½ Std.; Abstieg nach Zermatt 3 – 3½ Std.
Anforderungen: Anspruchsvolle, sehr lange Tour, die in hochalpine Landschaft führt (1800 Höhenmeter, kann durch Übernachtung auf Trift gemildert werden); die normalerweise unproblematische und flache Gletscher-Querung unter dem Platthorn zum Gipfelaufbau des Mettelhorns darf von weniger erfahrenen Bergwanderern nur dann unternommen werden, wenn eine gute Spur vorhanden ist (Spalten), ansonsten steigt man besser auf das Platthorn, das fast die gleiche umfassende Rundsicht gewährt (etwa 30 Min. kürzere Anstiegszeit).
Höchster Punkt: Mettelhorn, 3406 m, Platthorn, 3345 m.
Einkehrmöglichkeiten: Alterhaupt (Hotel Edelweiss), 1961 m. Berghaus Trift, 2337 m (auch Übernachtungsmöglichkeit).
Sehenswertes: Malerische Klamm des Triftbaches bis zum Berghaus Trift mit großem Blumenreichtum, beliebter Aussichtspunkt Alterhaupt. Bei gutem Wetter (und nur dann darf diese Tour unternommen werden) bietet sich vom Gipfel der wohl schönste Blick auf die Berge des Zermatter Talkessels, besonders auch auf die Zinalrothorn-Ostwand und die Weisshorn-Südseite.

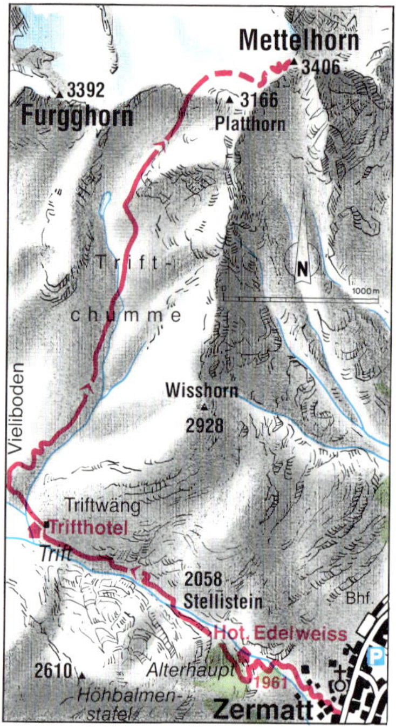

Wegen der außergewöhnlichen Länge dieser Tour ist eine Übernachtung auf Trift sehr zu empfehlen. Ausreichende Kondition und sicheres Wetter am Gipfeltag ist unumgänglich.
Aufstieg zum Berghaus Trift: Vom **Bahnhof** folgt man der Hauptstraße ins Dorfzentrum. Bei einem Wegweiser zweigt der Weg nach rechts ab und

Gornergrat-Blick zum Weisshorn; das Mettelhorn befindet sich direkt in Fallinie desselben; wenig links (unter dem Schalijoch) das Platthorn.

führt über die Wiesenhänge nach Westen aufwärts zur **Triftschlucht**, wo der Weg für ein kurzes Stück in die Felsen gesprengt wurde. Daraufhin über die Brücke und in steilen Serpentinen zum Whs. **Alterhaupt**. Der Weg quert nun weniger steil in die Schlucht hinein, wo er beim **Stellistein** an der engsten Stelle wieder auf die andere Seite wechselt und schließlich über die blumenreichen Rasenhänge zum **Berghaus Trift** leitet.
Weiterweg zum Mettelhorn: Von Trift folgt man noch etwa 400 m weit dem Weg Richtung Rothornhütte taleinwärts und zweigt am Vieliboden nach rechts ab (Wegweiser), um über den begrasten Rücken in die **Triftchumme** zu steigen. Der Bewuchs wird zunehmend spärlicher, und man erreicht über Schotterhänge die oberste Mulde westlich des Platthorns; die Wegspur führt – manchmal über Altschneefelder – in die Einsattelung zwischen dem Platt- und Furgghorn (Wegzeichen). In östlicher Richtung auf dem wenig ansteigenden Gletscherfeld (Spalten!) direkt auf das Mettelhorn zu und auf dem Zickzack-Pfad dort hinauf. Alternativ ohne Gletscherberührung vom Sattel nach rechts auf Wegspuren im Schutt zum Platthorn.
Abstieg am Aufstiegsweg.

In sechs Tagen rund um Zermatt

Eine Woche hoch über dem Zermatter Kessel unterwegs

Täschalp – Fluealp – Gornergrat – Riffelberg – Schwarzsee – Triftalp

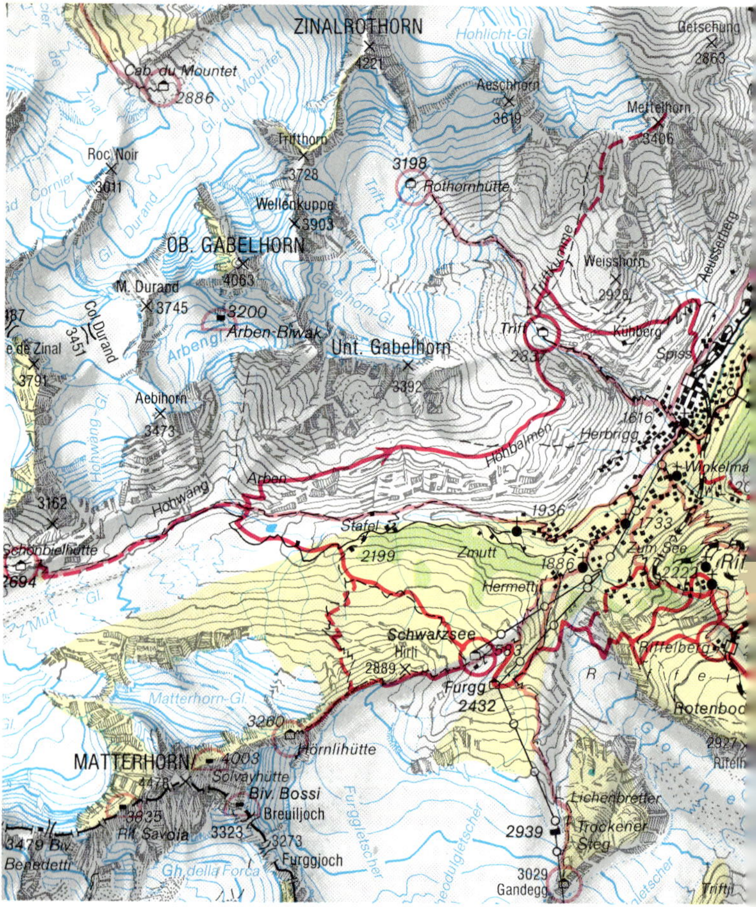

Zermatt ermöglicht ein ganz besonderes Wander-Schmankerl: Bei Verknüpfung der Touren 30 bis 34 kann man eine gute Woche lang den gesamten Talkessel von Zermatt umwandern und dabei nach nicht allzu anstrengenden Etappen in guten Unterkunftshäusern übernachten. Alle Häuser bieten volle Verpflegung an. Praktisch an jeder Stelle der Rundtour ist ein Schnellabstieg ins Tal möglich.

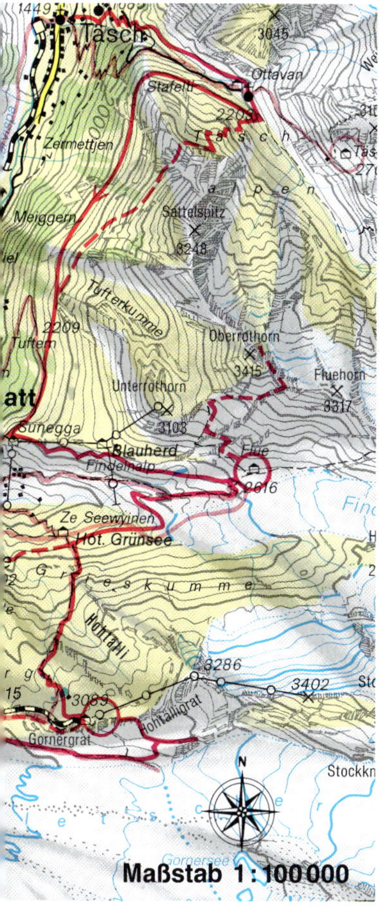

Routenverlauf:

1.Tag: Täsch – Täschalp – Tufteren – Sunnegga – Touristenhaus Fluealp (2618 m, fast ganzjährig bewirtschaftet, Zimmer und Lager; Tel. 672551). 5 – 6 Std., siehe Tour 30.

2.Tag: Flue – Grindjisee – Grüensee – Kulmhotel Gornergrat (3131 m, fast ganzjährig offen, Zimmer und Lager; Tel. 672219). 3 Std.

3.Tag: Gornergrat – Gornergletscher – Rotenboden – Riffelberg (2566 m, Hotel, im Sommer offen, Zimmer; Tel. 672216) oder Berghotel Riffelalp (2200 m, fast ganzjährig geöffnet, Zimmer; Tel. 675333). 2 – 3 Std. bis Riffelberg, $^{1}/_{2}$ Std. weiter bis Riffelalp, siehe Tour 32.

4.Tag: Riffelberg/Riffelalp – Gornergletscherzunge/Gletschergarten – Furgg – Hotel Schwarzsee (2584 m, Zimmer; Tel. 672263). 3$^{1}/_{2}$ Std.

5.Tag: Schwarzsee – Stafelalp – Arben – Höhbalmen – Berghaus Triftalp (2337 m, im Sommer offen, Zimmer und Lager). 4 Std., siehe Tour 33. Vom Zmuttgletscher Abstecher zur Schönbielhütte möglich (Anstieg zusätzlich gut 1 Std., Rückweg $^{3}/_{4}$ Std.).

6.Tag: Abstecher zum Mettelhorn möglich (Aufstieg 3$^{1}/_{2}$ Std., Abstieg 2 Std., siehe Tour 34). Flue – Chüeberg – Zermatt. 1$^{1}/_{2}$ – 2 Std.

35 Schali („Arigscheis“), 2243 m

Stille und abwechslungsreiche Wanderung mit außergewöhnlich schönen Ausblicken.

Täsch – Arigscheis – Schalenäbi – Täsch

Talort: Täsch, 1450 m; Haltestelle der BVZ-Bahn, dichter Fahrplan nach Visp und vor allem nach Zermatt.
Ausgangspunkt: Bahnhof Täsch.
Parken: Gebührenpflichtiger Parkplatz in Täsch, im Ort außer für die Gäste der dortigen Häuser keine Parkplätze.
Gehzeiten: Täsch – Arigscheis 2½ Std.; Abstecher zum Schaligletscher und zurück 1 Std.; Abstieg nach Täsch 2 Std.
Anforderungen: Wanderung mit wenigen kurzen, etwas ausgesetzten Stellen; durchgehend markierter Weg.
Höchster Punkt: Arigscheis, 2243 m, beim Gletscherabstecher etwa 2350 m.
Einkehrmöglichkeit: Keine; Restaurants in Täsch.
Sehenswertes: Interessanter Steig durch die sehr steile, mit einigen Felspassagen durchsetzte Flanke über Täsch mit wunderschönem Lärchenbestand (vor allem im Herbst!); von unten gesehen erscheint es ausgeschlossen, daß hier ein guter Pfad durchführt! Interessante Blicke über das Tal hinweg zur Täschalp und zum Alphubel, in der anderen Richtung besticht das Weisshorn und der wildzerrissene Schaligletscher.

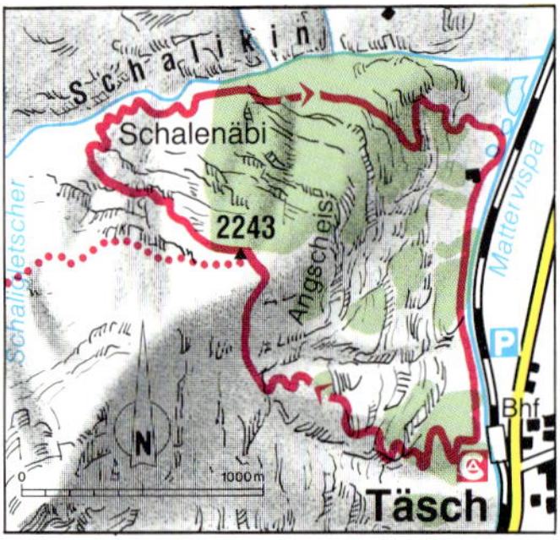

Hinter dem **Bahnhof** geht man über die Brücke der Vispa, um nach wenigen Metern talauswärts zum Abzweig des Pfades (Wegweiser) zu gelangen. Der Weg schlängelt sich in Serpentinen durch den steilen Lärchenwald direkt über Täsch aufwärts, führt geschickt zwischen den Felspassagen durch, wobei es manchmal etwas luftig wird (an einer Stelle wurde eine Leiter befestigt). Weiter oben wird der Wald lichter und ist mit Zirben durchsetzt, bis man knapp oberhalb der Baumgrenze mit prächtigen Ausblicken fast eben zu der Aussichtskanzel **Arigscheis** hinüberquert (Spaßvögel haben wenig unterhalb einen Namensgeber aufgestellt!). Ein Abstecher auf dem Pfad, der in etwa gleicher Höhe in den **Schaligletscher-Kessel** führt, ist unbedingt lohnend, da hier die Blicke auf die umgebenden Berge wie das Zinalrothorn und Weisshorn noch eindrucksvoller werden. – Man sollte jedoch wieder bis Arigscheis zurückkehren, der direkte Abstieg zum Schalenäbi wird durch einige Felsbarrieren erschwert.

Rückweg nach Täsch: Von Arigscheis führt der gute Weg quer durch die nordseitige Talflanke des Schalibaches zum **Schalenäbi** hinab, einem mit lichtem Zirben- und Lärchenbestand überzogenen blockreichen Alpgelän-

Von „Arigscheis“ hat man diesen großartigen Blick in den Schali-Gletscherkessel.

de. Kurz bevor man an die Schlucht des Baches selbst gelangt, führt der Weg talauswärts tiefer, um schließlich wieder durch dichten Wald, zuletzt in Kehren zum Talgrund der Vispa abzusteigen. Fast eben wandert man auf einem Fahrweg parallel zur Vispa die etwa 1,5 km bis zum Bahnhof zurück.

36 Zenegger Wasserweg

Müheloser Spazierweg auf einer lebennotwendigen Wasserleitung

Moosalp – Augstbordstafel – Moosalp

Talorte: Zeneggen, 1369 m; hoch über der Einmündung des Vispatals ins Rhônetal gelegener, aussichtsreicher Ort, der bisher noch kaum durch moderne Zweckbauten entstellt ist und damit seinen ursprünglichen Charakter erhalten konnte. Bürchen, 1200 – 1650 m; mehrere Siedlungen auf der herrlichen Almterrasse oberhalb von Visp. Törbel, 1497 m; netter Ort in großartiger, sonnenreicher Lage hoch über der Mattertal bei Stalden. Alle Orte sind mit Postbussen von Visp oder Stalden gut zu erreichen.
Ausgangspunkt: Moosalp, 2048 m. Alpgelände auf dem breiten Höhenrücken zwischen Törbel und Bürchen mit wunderschöner Aussicht. Herrliche Bestände an uralten Zirben und Lärchen. Postbusverbindung mit täglich etwa 3 Kursen von Bürchen und 5 Kursen von Törbel.
Gehzeiten: Moosalp – Rieberg Läger 1 Std., Läger – Augstbordstafel 1 Std.; Rückweg etwa 1 3/4 Std.
Anforderungen: Bis Läger sehr guter und breiter Weg, dann markierter Bergpfad.
Höchster Punkt: 2294 m vor Augstbordstafel.
Einkehrmöglichkeit: Unterwegs keine.
Sehenswertes: Die wunderschön gelegenen Orte Zeneggen, Törbel und Embd; Höhenrücken der Moosalp mit schöner Aussicht.

Diese Wasserleitung (Augstborderi) ist mit ihren gut 50 Jahren noch keine der historischen Wasserbauten im Wallis. Mit einer Gesamtlänge von 18 km leitet sie das Wasser aus dem Augstbordtal bis Zeneggen, da der Ort für nähergelegene Bäche keine Wasserrechte besitzt und diese daher von

Gemütliche Herbstwanderung auf dem Zenegger Wasserweg.

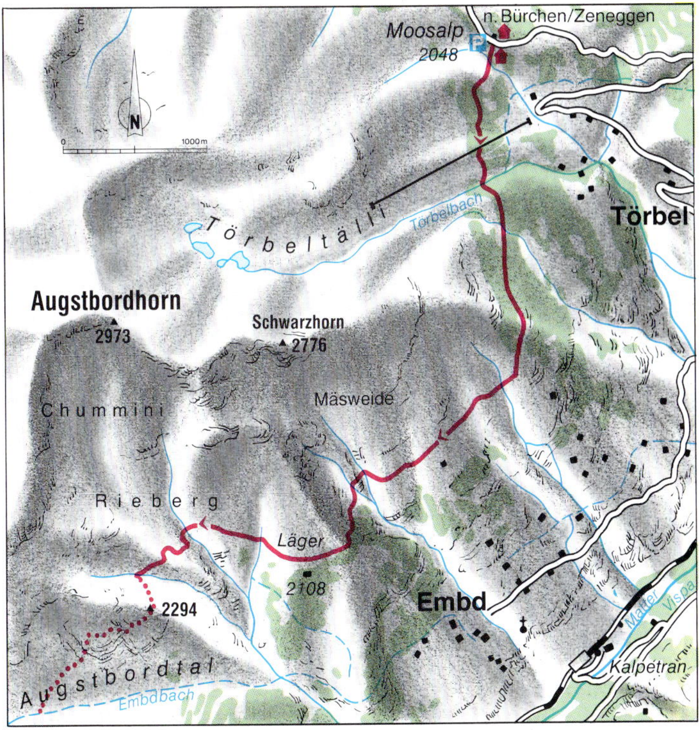

der Leitung überbrückt werden mußten! Eine schöne Fortsetzung hat dieser Weg ab Augstbordstafel über Twära nach Jungu (zusätzlich 2 Std.), mit Abstieg oder Seilbahnfahrt nach St.Niklaus im Mattertal. Rückfahrt mit Bahn nach Stalden und Bus zur Moosalp.

Direkt am Parkplatz an der **Moosalp** beginnt der Weg und führt sofort in den Lärchenwald. Ein Bach wird überquert, später, beim Erreichen offener Weiden, geht es ein paar Meter bergauf. Hier öffnet sich der grandiose Blick zur gegenüberliegenden Mischabelgruppe. In reizvoller Umgebung führt der Weg an Wiesenhängen entlang, zwei kurze dunkle Tunnels werden durchschritten, und immer neue Perspektiven öffnen sich. Man kommt oberhalb des Läger vom **Rieberg** vorbei, der Weg steigt dann von hier in schwächeren Spuren etwas an und leitet durch die recht steilen, rasendurchsetzten Hänge ins **Augstbordtal**. Der Umkehrpunkt ist beliebig.

37 Augstbordhorn, 2973 m

Hoch über Rhône- und Vispertal

Moosalp – March – Augstbordhorn – Törbeltälli – Moosalp

Talort: Törbel, 1497 m; kleiner Ort hoch über Stalden am sonnenverbrannten Südhang der Moosalp. Bürchen, 1200-1650 m; nordseitig unter der Moosalp gelegene Weiler.
Ausgangspunkt: Moosalp, 2048 m; breiter Rücken zwischen Törbel und Bürchen, mit Hochmooren und herrlichen, lichten Lärchenbeständen. Postautoverbindung mit etwa 3 Kursen täglich von Bürchen, 5 Kurse von Törbel.
Gehzeiten: Moosalp – March 2 ¾ Std., March – Augstbordhorn ½ Std., Rückweg gut 2 Std.
Anforderungen: Leichte Bergwanderung auf markierten Wegen und Steigen, sie führt allerdings bis auf fast 3000 m, auch im Sommer muß nach Schlechtwetter mit Schneeresten gerechnet werden.
Höchste Punkte: March (Violenhorn), 2876 m, und Augstbordhorn, 2973 m.
Einkehrmöglichkeit: Restaurant auf der Moosalp (Chalte Brunne).
Sehenswertes: Der Höhenzug des March bietet wunderschöne Tiefblicke ins Rhônetal und die gegenüberliegenden Berner Alpen mit dem alles überragenden Bietschhorn. Vom Augstbordhorn eröffnet sich dann der Blick auch auf die Weisshorngruppe, über den Vispertälern hat man einen schönen Einblick in die Mischabelgruppe.

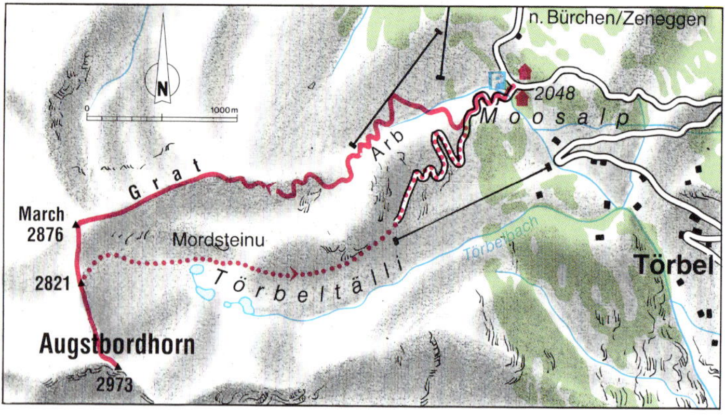

Aufstieg zum March: Vom Restaurant Chalte Brunne auf der **Moosalp** steigt man auf dem Fahrweg in westlicher Richtung anfangs durch schönen, lichten Lärchenwald, dann über freies Almgelände aufwärts. Man läßt den Fahrweg ins Törbeltälli links und steigt recht steil in der Nähe der Lifttrasse (Arb) zum Höhenrücken, dem man mit wunderschöner Aussicht bis zum **March** folgt.
Übergang zum Augstbordhorn: Der gute Steig führt kurz nach Süden in die Einschartung (2821 m) zwischen den beiden Gipfeln, um dann zwischen

Auf der Moosalp: Knorrige Wetterlärchen und interessante Aussicht.

Blockwerk über den Nordrücken auf das **Augstbordhorn** hinaufzuleiten. Der **Abstieg** erfolgt auf dem Anstiegsweg; man kann auch direkt ins **Törbeltälli** zwischen March und Augstbordhorn gelangen: Dazu verläßt man den Verbindungsgrat zum March nahe dessen tiefsten Punkt und steigt auf den ersten 100 Höhenmetern über Blockwerk und Schotter, dann teilweise auf Pfadspuren zum Mordsteinu im Torbeltälli mit seinen hübschen kleinen Seen. In der Nähe der Skiliftstation trifft man auf den Fahrweg, auf dem man bequem zur Moosalp zurückkehrt.

38 Zenegger Rebberg

Abstieg in die Weingärten

Zeneggen – Esch – Riedboden – Talgrund der Vispa – Neubrück

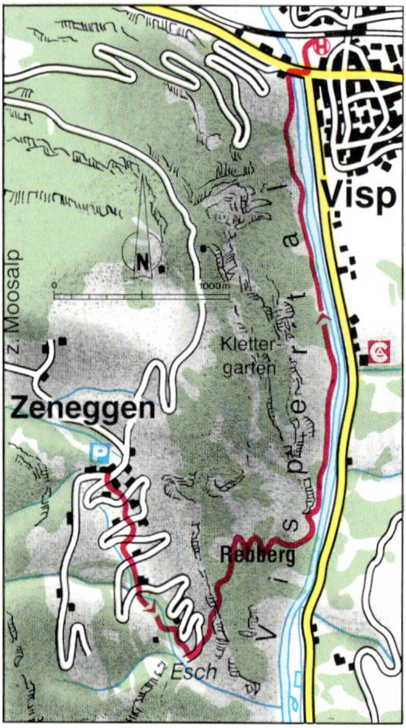

Talort: Visp, 650 m; Verkehrsknotenpunkt im Rhônetal mit sehr guten Bahn- und Busverbindungen.
Ausgangspunkt: Zeneggen, 1369 m; hübscher, kleiner Ferienort in sonniger Lage mit prachtvoller Sicht auf die umliegenden Gipfel: Bietschhorn, Weissmies, Mischabel. Busverbindung von Visp und über die Moosalp von Stalden/Törbel.
Parken: In Visp bzw. Zeneggen, dann Rückkehr mit Bus.
Gehzeiten: Zeneggen – Esch $^3/_4$ Std., Esch – Riedboden $^3/_4$ Std., Abstieg ins Tal $^3/_4$ Std., Rückweg nach Neubrück 30 Min.; gesamt etwa $2^1/_2$ Std.
Anforderungen: Leichte Wanderung, im mittleren Teil (Felsstufe) Trittsicherheit erforderlich.
Höchster Punkt: Busparkplatz Zeneggen, 1369 m.
Einkehrmöglichkeiten: Restaurants in Zeneggen und Visp.
Sehenswertes: Alt-Zeneggen, Kapelle Biel; restaurierte Mühle am Hotel Alpenblick. Gepflegte, aber auch zahlreiche aufgegebene Rebterrassen, Klettergarten unterhalb des Dorfes. Wunderschöne Trockenrasen um das Dorf. Altstadt von Visp.

Eine Wanderung, die ohne jede Gegensteigung vom Dorf hinunter in den Talboden der Vispa führt. Wir begehen den alten, wenig benützten Steig durch verschiedene, teils noch bewohnte Weiler bis nach Esch. Mit wenigen Schritten wird ein Steilabsturz erreicht, der das Dorf von den Weinbergen trennt (Driest). In kunstvoller Wegführung überwindet der Pfad diese senkrechte Steilstufe, leitet über in den Wald und erreicht die nach Südosten ausgerichteten Zenegger Weinberge. Ein Großteil von ihnen wird leider nicht mehr bewirtschaftet. In den noch gepflegten Rebbergen werden 8 Sorten angebaut, darunter auch die älteste Walliser Rebe, der Heida.
Vom Parkplatz bei der **Kirche** auf der Teerstraße 150 m südlich bis zur Verzweigung. Zwischen Häusern auf schönem alten Plattenweg tiefer. Die neue Teerstraße mehrfach überquerend durch die Ortsteile von Egga, Widum, Sisetsch, Trolera, Rieder nach **Esch**. Hier nach Norden abbiegen und

Schmal und steil zieht der Zenegger Rebberg ins Vispatal hinab.

eben auf einen steilen Abbruch zu. Auf einem sehr geschickt angelegten Steig in senkrechten Felsen hinab in den Wald. Weiter hinunter bis an die Rebberge. Rechts (östlich) auf kleinem Sandsträßchen schließlich hinab zur Vispa. Nicht über die Brücke, sondern rechts auf dem Fußweg nach Neubrück (BVZ-Bushalt); oder weiter auf der alten Straße nach Stalden dem Fluß entlang nach **Neubrück**.

39 Blüomatt – Turtmanntal

Beschauliche Wanderung mit großem Weisshorn-Blick

Turtmanntal (Blüomatt) – Chalte Berg (Blüomatt-Tälli) – Turtmann-Stausee – Sänntum – Blüomatt

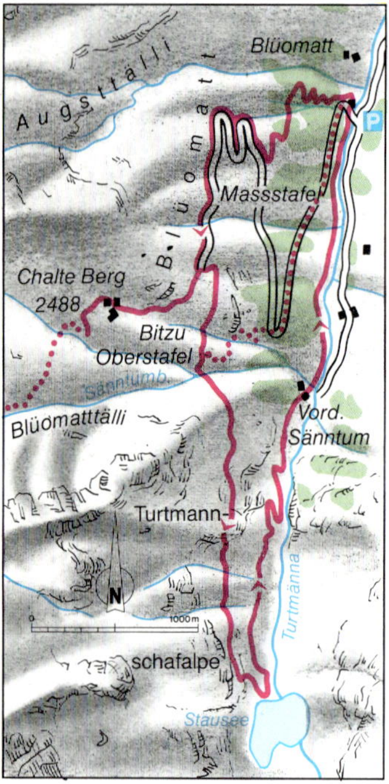

Talort: Gruben-Meiden, 1822 m. Oberster nur im Sommer bewohnter Ort im Turtmanntal. Seilbahn von Turtmann nach Oberems am Talausgang, dann Taxi.
Ausgangspunkt: Blüomatt, 1863 m, kleine Almsiedlung etwa 1 km südl. von Gruben-Meiden.
Parken: An der Brücke über die Turtmanna bei Blüomatt.
Gehzeiten: Blüomatt – Chalte Berg 2 Std., Höhenweg Chalte Berg – Turtmann-Stausee $^{3}/_{4}$ Std., Talabstieg nach Blüomatt 1$^{1}/_{4}$ Std.
Anforderungen: Einfache Wanderung auf gut markierten Wegen.
Höchster Punkt: Chalte Berg, 2488 m.
Einkehrmöglichkeit: Unterwegs keine.
Sehenswertes: Bei dieser Wanderung bieten sich sehr schöne Ausblicke auf die Weisshorn-Gruppe und das Gebiet der Turtmannhütte am Brunegg- und Turtmann-Gletscher.

Bishorn und Weisshorn von den Blüomatt-Almen.

In früheren Zeiten wurde in diesem Tal Bergbau betrieben, dessen Spuren an verschiedenen Stellen noch gut zu erkennen sind. Das Tal ist noch verhältnismäßig wenig bekannt und bietet ruhige Wanderungen ohne großen Touristenrummel; besonders interessante Flora.
Zur Alpe Chalte Berg führt auch ein Fahrweg. Wir zweigen aber gleich hinter der Brücke nach rechts zu der Häusergruppe ab (Wegweiser, die eigentliche Siedlung **Blüomatt** bleibt noch gut 300 m weiter nördlich liegen) und steigen in Serpentinen durch den schönen Hochwald zur Almfläche **Mass-Stafel**, wo wir wieder auf den Fahrweg treffen. Eine seiner Kehren schnei-

det man noch auf dem Pfad über die blumenreichen Almen ab, dann folgt man dem Sträßlein wie auf einer Aussichtsterrasse südwärts nur noch leicht ansteigend ins **Blüomatt-Tälli**. Auf den letzten Metern nimmt man wieder den Fußweg direkt zu den Hütten von **Chalte Berg** hinauf.

Abstieg: Am bequemsten auf dem Anstiegsweg bzw. dem Fahrweg folgend (1 bis 1¼ Std.). Interessanter ist jedoch der leicht fallende Höhenweg über dem Turtmanntal entlang zum Stausee unter dem Turtmanngletscher: Dazu zweigt man auf etwa halbem Weg zwischen Chalte Berg und Mass-Stafel nach rechts ab, nach wenigen Kehren leitet der Weg am **Bitzu-Oberstafel** vorbei (Steilabstieg ins Tal möglich), über den Sänntumbach und dann fast eben nach Süden bis zum kleinen **Stausee**. Auf dem Fahrweg geht man gemütlich talwärts zum **Vorderen Sänntum**, dem Ende der befahrbaren Straße. Auf der Westseite der Turtmanna führt der Fußweg zurück nach Blüomatt.

40 Höhenweg St-Luc – Zinal

Abwechlungsreiche Wanderung hoch über dem Val d'Anniviers

St-Luc – Les Moyes – Nava Secca – Barneuza – Zinal

Talort: Vissoie, 1204 m; Hauptort des Tales, Abzweigung nach Zinal und Grimentz (Val de Moiry). Postbusverbindung mit Sierre (etwa 7 Kurse täglich, gut 30 Min. Fahrzeit, 21 km).
Ausgangspunkt: St-Luc, 1655 m; schön gelegener Ferienort auf einer Höhenterrasse, Sesselbahn zur Bella Tola. Postbusverbindung mit Vissoie (etwa 7 Kurse täglich, 15 Min. Fahrzeit, 8 km).
Parken: An der vorletzten Kehre unter dem Dorf (Schild: Ayer) ein paar Meter rechts, links Parkplatz.
Gehzeiten: St-Luc – Prilett 40 Min., Prilett – Nava Secca 2 – 2½ Std., Nava Secca – Zinal 2½ – 3 Std.; gesamt 5½ – 6½ Std.
Anforderungen: Vielseitige Wanderung, die etwas Ausdauer erfordert.
Höchster Punkt: Alpe Barneuza, 2211 m.
Einkehrmöglichkeiten: Café Prilett, 1692 m; Hotels und Restaurants in Zinal und St-Luc.
Sehenswürdigkeiten: St-Luc: Planetenweg Bergstation Tignousa – Hotel Weisshorn. Ayer: An der Südseite der Kirche Grab von Georg Winkler (Winklerturm, Rosengarten), abgestürzt in der Weisshorn-Westflanke. Blicke in den Kessel von Zinal, schöne Aussicht ins Val de Moiry mit Grimentz.

Ein Weg mit immer neuen Überraschungen und ständigem Wechsel der Landschaft: Lichte Waldstücke mit schönen Einzelbäumen, alte Suonen-Strecken, Alpweiden und anhaltend großartige Sicht.
Vom Parkplatz in 15 Minuten auf der Straße nach Ayer in den Winkel des Tals. Bei einer Wasserfassung links steil auf schönem Pfad höher zum Café **Prilett**. Nun über den Bach auf neuer Forststraße durch Wald zu den Alphüt-

Der Spitz des Zinalrothorns beherrscht den Talschluß von Zinal.

ten von **Gillou**, 1823 m. Hinunter zu den Hütten (Wegweiser) und auf dem oberen Weg südlich weiter leicht steigend und ständig wechseld durch Wald und freie Flächen, die Hütten von **Les Moyes** rechts unten liegenlassend zur **Alp Nava Secca**, 2146 m. Auf der schmalen Forststraße wenig bergab und nach 5 Minuten abzweigend in südöstlicher Richtung auf hübschem Pfad (Hütte Navetta) zum Bach. Durch Grünerlengebüsch empor zu den Wiesen von **Barneuza**, wenig danach die Hütte – hier herrlicher Blick in den Kessel von Zinal. Weiter in einem kleinen Tälchen (Wasserableitung) und nun genau südwärts ständig fallend zum Punkt 2025 m über Zinal. Auf unangenehm ausgewaschenem Pfad tiefer, zwei mächtige Bachverbauungen querend auf der Teerstraße nach **Zinal**.

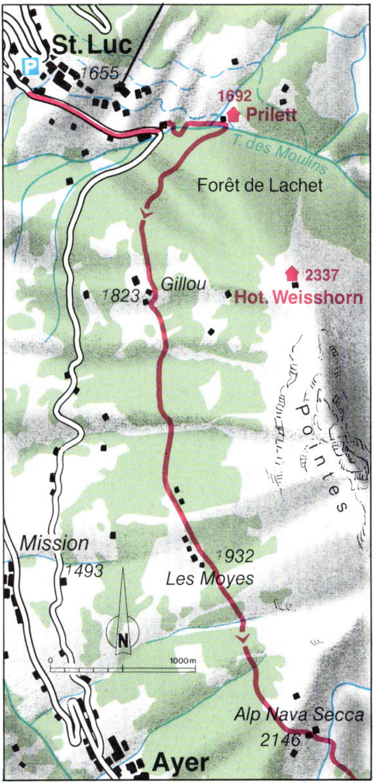

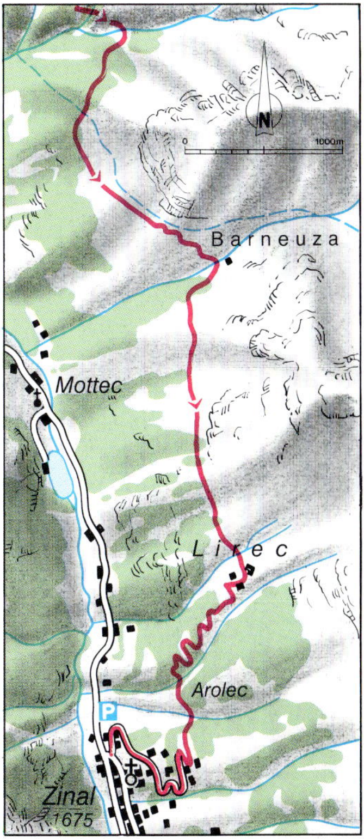

41 Roc de la Vache, 2581 m

Schaukanzel hoch über dem Zinaltal

Zinal – Combautanna – Roc de la Vache – L'Ar Pitetta – Zinal

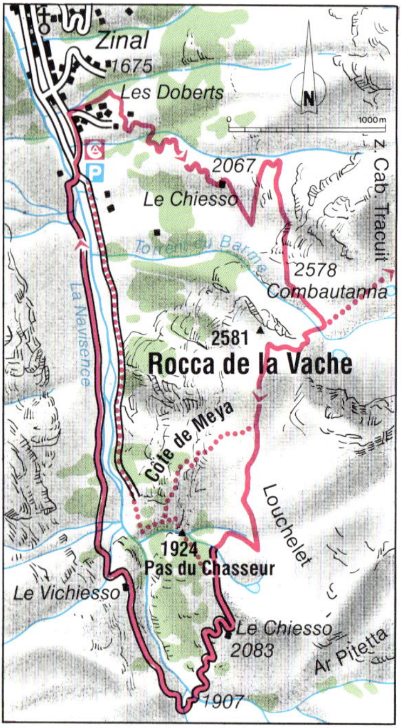

Talort und Ausgangspunkt: Zinal, 1675 m. Oberster Ort im Val d'Anniviers. Postbusverbindung mit Sierre (etwa 7 Kurse täglich, gut 1.10 Std. Fahrzeit, 36 km).
Parken: Parkplatz am Straßenende südlich von Zinal; der Fahrweg weiter taleinwärts ist für private Kfz gesperrt.
Gehzeiten: Zinal – Roc de la Vache 3 Std., Abstieg über Ar Pitetta zum Zinalgletscherabfluß 1¼ Std., Rückweg nach Zinal reichlich 1 Std.; gesamt gut 5 Std.
Anforderungen: Gute, markierte und unschwierige Wege, unter der Combautanna in recht steilem Gelände.
Höchster Punkt: Roc de la Vache, 2581 m.
Einkehrmöglichkeiten: Keine; die Petit-Mountet-Hütte kann vom Talgrund (Zinalgletscherabfluß) in gut 30 Min. erreicht werden (siehe auch Tour 42).
Sehenswertes: Der Roc de la Vache zählt zu den großartigsten Aussichtsplätzen über dem Zinaltal. Besonders zu erwähnen ist der Blick auf den wilden Mominggletscher mit dem spitzen Zinalrothorn und auf der anderen Talseite die Nordostflanke der Dent Blanche.

Sorebois-Blick auf Roc de la Vache (Bildmitte) und Weisshorn-Kette.

Diese Wanderung ist eine sehr lohnende, nicht allzu anstrengende Tagestour. Für einen Besuch der Tracuithütte (SAC-Hütte, im Sommer bewirtschaftet) sollte man dagegen zeitig aufbrechen, da der Schlußanstieg im Südhang der Diablons bei Sonnenhitze leicht Backofencharakter annimmt (zusätzlich 2 Std. Aufstieg).
Die Abzweigung von der **Talstraße** am südlichen Ortsende ist mit einem Wegweiser markiert; eine Fahrstraße führt mit ein paar Kehren durch Neubaugelände zum untersten Ausläufer der Tracuit-Alpe (**Les Doberts**), dann leitet der Weg über eine Lawinenrinne hinweg und zieht nach **Le Chiesso**, 2067 m, hinauf. Das Gelände darüber wird steiler und felsendurchsetzt,

dieser Abschnitt wird jedoch in einer bequemen Schleife von links her zum Wildbach Torrent du Barmé überwunden. Wo das Gelände bei der Alpe Combautanna wieder flacher wird, zweigt man vom Tracuit-Hüttenweg nach rechts ab, überquert den Bach auf einer Brücke nach Süden und steigt kurz zum **Roc de la Vache** an.

Abstieg über **Ar Pitetta** ins Zinaltal: Man steigt in genau südlicher Richtung vom Roc auf deutlichem Pfad über die Rasenhänge nach **Louchelet** und weiter über über **Le Chiesso**, 2083 m, ab, zuletzt in kurzen Kehren und durch den lichten Lärchenwald bis zum großartigen Zusammenfluß der Wildbäche vom Zinal- und Mominggletscher. Hier findet man eine Brücke zum anderen Ufer, wo man auf einen Fahrweg trifft. Dieser steigt nur noch wenig nach **Le Vichiesso** an und führt dann hinab zur großen Schwemmebene der Navisence südlich von **Zinal**, welches man dann in etwa 20 Min. erreicht.

Im Bereich von Louchelet führen zwei steile Abstiegsvarianten (über Côte des Meya bzw. Pas du Chasseur) direkt zur Navisence hinab. Sie sind teilweise ausgesetzt und nur geübten und trittsicheren Bergsteigern zu empfehlen.

42 Sorebois-Höhenweg

Klassischer Höhenpfad mit prachtvollem Viertausender-Blick

Zinal – Sorebois – Crevache – Petit Mountet – Alp Le Vichiesso – Zinal

Talort: Zinal, 1675 m; Busverbindung von Siders (Sierre) durchs Val d'Anniviers (etwa 7 Kurse täglich, gut 1.10 Std. Fahrzeit, 36 km).
Ausgangspunkt: Sorebois, 2438 m; Bergstation der Luftseilbahn von Zinal, vielbesucht und beliebt; Startpunkt für Gleitschirm- und Drachenflüge.
Parken: An der Talstation.
Gehzeiten: Bergstation – Petit Mountet $2^1/_2$ – 3 Std., Petit Mountet – Zinal 1 – $1^1/_2$ Std.
Anforderungen: Leichte Wanderung auf gut angelegtem Steig, zunächst eben und ohne erwähnenswerte Höhenunterschiede, später nurmehr absteigend und zum Schluß brettebene Wanderung im Talboden der Navisence.
Höchster Punkt: 2580 m, etwa in der Mitte des Weges.
Einkehrmöglichkeiten: Bergstation Sorebois; Touristenunterkunft Petit Mountet.
Sehenswertes: Ausblicke auf die Westseite von Weisshorn und Zinalrothorn, siehe auch Abb. S. 119, dazu auf Obergabelhorn, Matterhorn und Dent Blanche. Toteis (schuttbedeckte Eismassen des nicht mehr vorstoßenden Zinalgletschers), Schlucht der Navisence. Start der Gleitschirmpiloten auf Sorebois.

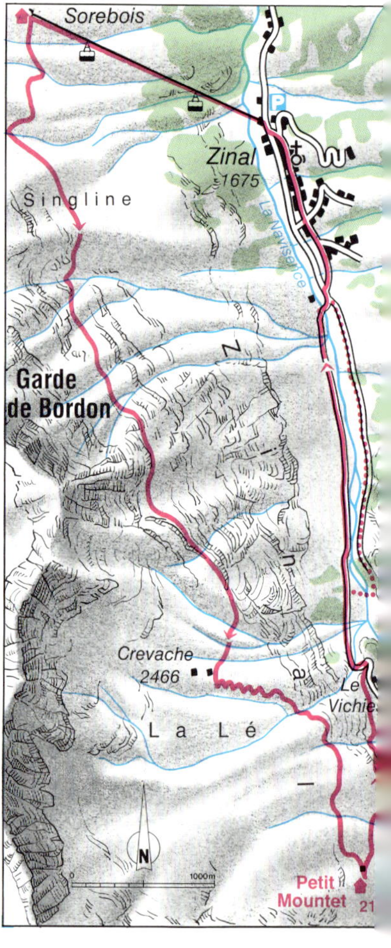

Der Kessel von Zinal ist wegen der ihn umgebenden Viertausender eines der Schaustücke der Alpen. Zinal ist Ausgangspunkt zu den großartig gelegenen SAC-Hütten Tracuit, Ar Pitteta und Grande Mountet.

Von der Bergstation **Sorebois** der Seilbahn über Wiesen südlich, einige Pisten querend ins Tal Torrent des Rochers, weiter durch die groß-

Mit schönen Wasserfällen stürzen die Gletscherabflüsse in das Tal der Navisence.

artige Hochgebirgslandschaft unter der Garde de Bordon, den zahlreichen Einschnitten und Schuttfeldern folgend auf die großen Wiesenflächen von **Crevache**, 2466 m. – Ein hinreißend schöner Rastplatz mit überwältigender Rundsicht. Hier beginnt steil der Abstieg auf schlechtem Weg bis Höhe 2240 m, Wegteilung: Der linke Weg führt direkt hinunter in den Talboden, der rechte zur **Petit-Mountet-Hütte**, 2142 m, die zuletzt nach einem kurzen Anstieg erreicht wird.

Rückweg: Entweder auf neugebautem Versorgungsweg oder auf schönem Pfad durch Wald zur Alp **Le Vichiesso**. Nun gemeinsam hinab in den Talboden und dort auf Fahrweg entweder links oder rechts der Navisence nach Zinal.

43 Sasseneire, 3254 m

Hoher Aussichtspunkt zwischen dem Val d'Anniviers (Moiry) und dem Val d'Hérens

Moiry-Stausee – Col de Torrent – Sasseneire – Moiry-Stausee

Talort: Grimentz, 1564 m; am Beginn des Moirytales wenig oberhalb der Abzweigung vom Zinaltal gelegen. Postbusverbindung mit Sierre über Vissoie (7 Kurse täglich, Fahrzeit etwa 1 Std., 31 km), zusätzlich verkehrt im Hochsommer ein Pendelbus zwischen Vercorin, Vissoie, Grimentz und Zinal.
Ausgangspunkt: Moiry-Stausee, Staumauerkrone, 2250 m; eine gute Straße führt von Grimentz herauf; Postautokurs (zwischen ca. 9 und 17 Uhr).
Parken: An der Mauerkrone.
Gehzeiten: Moiry – Alpage de Torrent 40 Min., Alpage – Col de Torrent 2 Std., Gipfelanstieg 3/4 Std., gesamt 3 1/2 – 4 Std.; Rückweg 2 1/2 Std.
Anforderungen: Bis zum Col de Torrent einfache Bergwanderung auf guten, nicht zu steilen Wegen. Der Gipfelanstieg sollte aber nur von trittsicheren Bergsteigern und bei guten Verhältnissen unternommen werden.
Höchster Punkt: Sasseneire, 3254 m.
Einkehrmöglichkeit: Am Moiry-Stausee Restaurant (geöffnet im Sommer).
Sehenswertes: Grimentz: typisches und besonders gepflegtes Walliser Bergdorf. Moiry-Stausee: nicht so groß wie die westlichen Nachbarn (Dix- und Mauvoisin-Stausee), aber dennoch mit seiner 150 m hohen und oben fast senkrechten Staumauer sehr eindrucksvoll. Schöne Aussicht über den See auf den Moirygletscher und die umgebenden Gipfel. Der Sasseneire gewährt freie Rundsicht über das ganze westliche Wallis und die Berner Alpen.

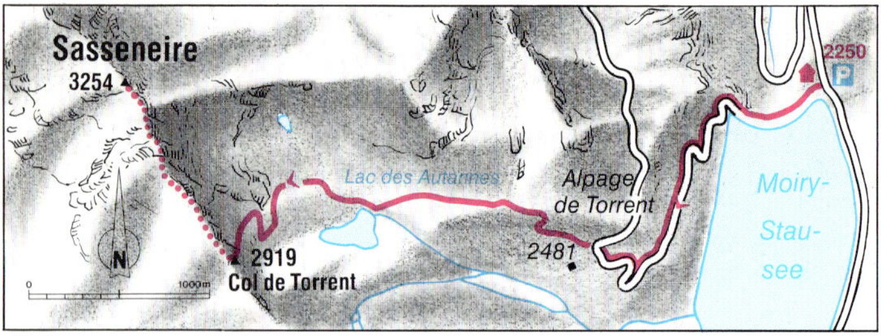

Auch ohne Gipfelbesteigung ist dies eine sehr lohnende Unternehmung, der Col de Torrent eröffnet eine überraschend gute Rundsicht. Gerne wird diese Wanderung mit einem Abstieg vom Col nach Villa oberhalb von Evolène fortgesetzt, auch hier sehr gute Wege.
Aufstieg zum Col de Torrent: Vom Parkplatz an der **Staumauerkrone** überquert man die Mauer nach Westen, wo ein kleiner Fahrweg in kurzen Kehren zum Moiry-Almgelände und der **Alpage de Torrent**, 2481 m, führt. Der Fahrweg führt nun nach Norden zur Basset de Lona weiter, ein Wegweiser zeigt aber unseren Weg zum Col de Torrent, der in nur mäßiger Steigung

Über den Moiry-Stausee blickt man auf Grand Cornier und Dent Blanche.

durch das Rasengelände zu dem herrlichen **Lac des Autannes** leitet. Nach Durchqueren dieser kleinen Ebene steigt der Weg nun in zwei ausgeprägten Serpentinen zum **Col** hinauf, 2919 m.

Gipfelanstieg zum Sasseneire: Wegspuren führen auf der Westseite des Gratrückens durch etwas mühsame Schotterfelder aufwärts und umgehen damit ein paar kleine Felsen des Grates (auch der Grat selbst kann auf Wegspuren begangen werden, mit Abstieg über eine Drei-Meter-Felsstufe (leichte Kletterstelle im I.Grad), worauf der normale Pfad wieder erreicht ist). Die deutlichen Spuren führen nun ohne weitere Schwierigkeiten in schuttbedecktem Gelände bis zum **Gipfel**.

Abstieg auf dem gleichen Weg.

44 Alpe Bricola

Große Gletscherblicke im interessanten Ferpècle-Talschluß

Salay (Ferpècle) – Alpe Bricola – Salay

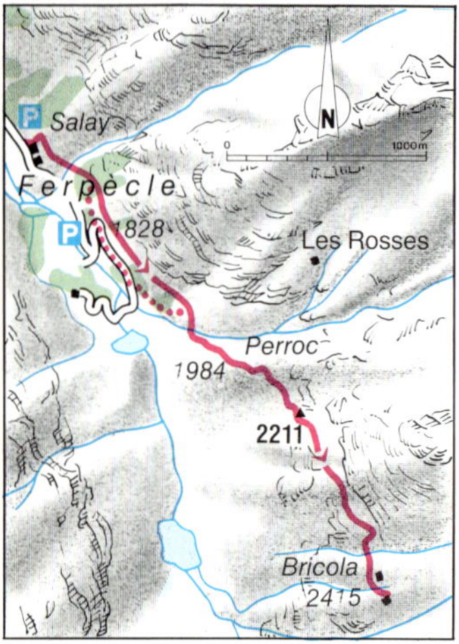

Talort: Les Haudères, 1436 m; an der Verzweigung des Val d'Hérens nach Arolla und Ferpècle gelegener Ort.
Ausgangspunkt: Salay, 1766 m, im Ferpècletal; Postbus von Les Haudères (etwa 4 Kurse täglich zwischen ca. 8.00 und 17.45 Uhr, knapp 25 Min. Fahrzeit, 9 km).
Parken: In Ferpècle beschränkte Parkmöglichkeiten an der Straße.
Gehzeiten: Salay – Bricola 2¼ Std.; Rückweg 1½ Std.
Anforderungen: Einfache Wanderung auf guten und ausreichend markierten Wegen.
Höchster Punkt: Alpe Bricola, 2415 m.
Einkehrmöglichkeit: Keine.
Sehenswertes: Eindrucksvolle Blicke auf die wild zerrissenen Zungen von Ferpècle- und Mont-Mine-Gletscher. Von Bricola zeigt sich die Dent Blanche als wuchtiger Zahn, der aber nur nach Neuschneefällen seinem Namen alle Ehre macht und sonst gar nicht so weiß ist.

Von Bricola kann man selbstverständlich je nach Lust und Laune noch ein Stück auf dem Weg zur Dent-Blanche-Hütte über das schöne Almgelände Ruisseaux de Bricola hinaufwandern und damit in wilder Gebirgslandschaft die Ausblicke noch etwas steigern.
Man steigt von **Salay** nur kurz in östlicher Richtung auf und folgt dann dem Weg, der oberhalb der Kraftwerksstraße zum Almgelände von **Ferpècle** führt und dabei den Rosses-Bach auf der Brücke Punkt 1984 m überquert (hierher auch von der Straße, Fahrverbot ab der ersten Kehre, Punkt 1828 m). Der gute Weg steigt nun in Südost-Richtung über das Weidegelände an, überwindet bei Punkt 2211 m mit kurzen Zickzacks eine kleine Felsbarriere und leitet dann wieder gleichmäßig ansteigend, zuletzt noch durch zwei Gräben zu den Hütten von **Bricola**, 2415 m.
Abstieg auf dem Aufstiegsweg.

Von der Alpe Bricola wirkt die Dent Blanche besonders eindrucksvoll – eigentlich viel zu schade für ein Stilleben mit Stock und Rucksack.

45 Aiguilles-Rouges-Hütte, 2810 m

Leichte Hüttenrundtour in einer außergewöhnlich schönen Landschaft

Arolla – Almen von Pra Gra – Aig.-Rouges-Hütte – Lac Bleu – Arolla

Talort und Ausgangspunkt: Arolla, 1998 m. Busverbindung mit Sion über Evolène und Les Haudères (52 km, Fahrzeit 1¼ Std.).
Gehzeiten: Arolla – obere Alm Pra Gra 1¼ Std., Pra Gra – Aig.-Rouges-Hütte 1¼ Std., Abstieg zum Lac Bleu 1¼ Std., zurück nach Arolla ¾ Std., gesamt etwa 4½ Std.
Anforderungen: Markierte Wege, eine kurze, ausgesetzte Stelle ist mit einer Kette gesichert.
Höchster Punkt: Etwa 2830 m.

Einkehrmöglichkeit: Aig.-Rouges-Hütte (Getränke und meist auch einfache Speisen von Juli bis September; Tel. 027 831649).
Sehenswertes: In der Umgebung von Arolla herrliche Zirbenbestände (daher der Name, von französisch arolle für Arve oder Zirbe). Sicht auf Mt.Collon und die bekannte Pigne d'Arolla, sowie auf die Aiguilles von Arolla. Der Lac Bleu trägt seinen Namen zu Recht, als blaues „Auge" liegt er in einem lichten Zirben- und Lärchenbestand.

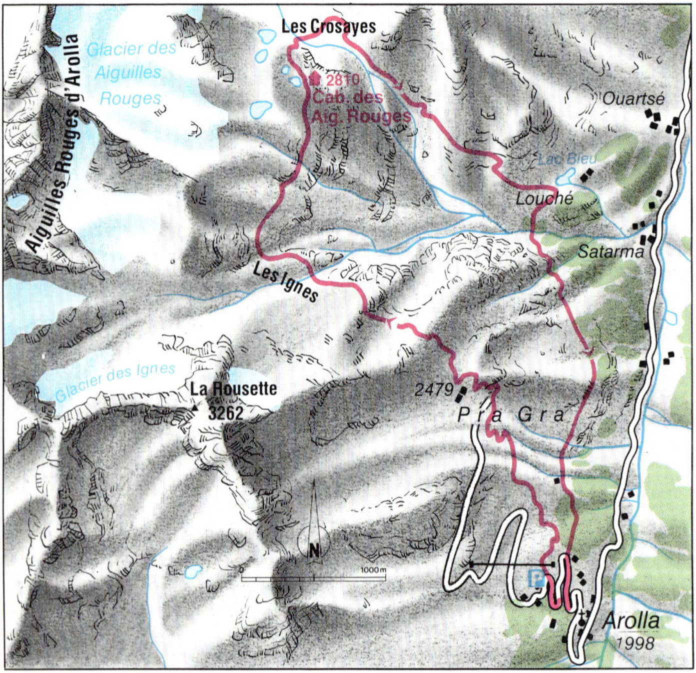

Blick von Pra Gra auf den Arolla-Talschluß mit dem Mont Collon.

Wer eine Übernachtung auf der Hütte einplant, sollte sich unbedingt vorher telefonisch anmelden. Bei sicherem Wetter nicht zu früh wieder absteigen, die umliegenden Massive sind erst im Laufe des Nachmittags im besten Licht.

Von **Arolla** folgt man der Fahrstraße, die nach Westen zu den Appartementhäusern hinaufführt. Am Ende der geteerten Straße (führt als Fahrweg nach Pra Gra weiter) und oberhalb einer Skiliftstation verläßt man diese an der nächsten Kehre (undeutlicher Wegweiser) und steigt durch ein herrliches Stück Zirbenwald zu den oberen Almflächen auf. Zunehmend besser markiert leitet der Pfad nun hinauf zu den oberen Hütten von **Pra Gra** mit besonders umfassender Rundsicht. Der Weg quert daraufhin entlang einer alten Wasserfuhre in den Geröllkessel von **Les Ignes**. Er überschreitet den Abfluß des Ignes-Gletscher und traversiert gegenüber die steile Moränenflanke unterhalb des Aig.-Rouges-Gletschers, bis er zuletzt durch eine kurze Blockhalde zur nahen **Aig.-Rouges-Hütte** führt.

Abstieg zum Lac Bleu: Von der Hütte geht man noch ca. 200 m nach Norden leicht aufwärts, bis der Weg über die begrünten Hänge von **Les Crosayes** in vielen Kehren zu den Almen von **Louché** mit dem wunderschönen **Lac Bleu** hinabführt (der Weg ist gut von der Hütte aus zu überschauen).

Rückweg nach Arolla: Südlich vom Lac Bleu zweigt der Weg in den Graben der Gletscherabflüsse ab, die auf einer Brücke überquert werden. Ziemlich eben leitet der Weg nun über dem Arollatal nach Süden auf Arolla zu; wo er zu den unteren Hütten von Pra Gra aufsteigt, kann man auf dem unteren Pfad wieder durch den Zirbenwald zum Ausgangspunkt zurückkehren.

46 Dixhütte (Cabane des Dix), 2928 m

Vom Riesen-Stausee in arktische Gefilde

Le Chargeur (Dixence) – Dix-Stausee – Dixhütte – Le Chargeur

Talort: Hérémence, 1237 m; kleiner Ort, hoch und aussichtsreich über der Abzweigung des Val d'Hérémence aus dem Val d'Hérens gelegen; wunderschöner Dorfkern mit hypermoderner Kirche; gute Postbusverbindung von Sion.
Ausgangspunkt: Le Chargeur, 2141 m, am Fuß der Staumauer des Lac des Dix. Hotel, Restaurant und Seilbahn an die Staumauerkrone. Postbus von Sion über Hérémence (4 Kurse, gut 1 Std. Fahrzeit, 30 km). Parkmöglichkeiten.
Gehzeiten: Staumauer – Südende des Sees (gut 7 km) 1½ Std., Aufstieg zur Dixhütte 2 Std.; Rückweg zum See 1¼ Std., zur Staumauer weitere 1½ Std. Gesamt etwa 6½ Std.
Anforderungen: Am See bequemer Fahrweg, dann guter Wandersteig zur Hütte.
Höchster Punkt: Dixhütte, 2928 m.
Einkehrmöglichkeit: Dixhütte (SAC), im Sommer (etwa Anfang Juli bis Ende September) bewirtschaftet. Eine der großen SAC-Hütten (150 Plätze), allgemein gut besucht. Für Übernachtung Anmeldung beim Wirt empfohlen (Tel. 027 811523).
Sehenswertes: Dixence: beeindruckendes Riesenbauwerk, die Mauer besteht aus fast 6 Mio. Kubikmeter Beton und Füllmaterial, sie staut bis zu 400 Mio. Kubikmeter Wasser für die Erzeugung von ca. 1600 Mio. kWh elektrischer Energie. Das Wasser wird aus einem enorm großen Bereich herangeleitet, das Stollensystem reicht bis in die Gegend der Domhütte bei Zermatt! Kostenlose Stauwerksführungen im Sommer. Dixhütte: Hervorragender Einblick in die Nordwand des Mont Blanc de Cheillon.

Die Dixhütte ist auf drei Seiten von Gletschern umgeben, was ihrer Umgebung einen wahrhaft arktischen Eindruck vermittelt! Niemand sollte sich jedoch dazu verleiten lassen, ohne entsprechende Ausrüstung und Erfahrung über diese Gletscher weiterzugehen!
Mit der Seilbahn überwindet man die gut 200 Höhenmeter zur **Staumauerkrone** (zu Fuß in 30 Min.). Der Fahrweg leitet mit nur minimalen Höhen-

Nach längerem Schlechtwetter zeigt sich der Mont Blanc de Cheilon von der Dixhütte.

unterschieden entlang des Stausee-Westufers zum südlichen Ende; die Rasenhänge sind hier im Sommer ein wahres Blumenparadies! Man zweigt von dem über den Col de Riedmatten nach Arolla führenden Weg ab und steigt über den **„Pas du Chat“** genannten Hang schräg in das große Gletscherbecken des Dixgletschers auf. Hoch über seiner aperen Gletscherzunge bewegt sich der Weg nun auf dem Kamm der Seitenmoräne (sie markiert den Gletscherstand vor 100 bis 200 Jahren, er war also gut 100 Meter höher als jetzt!). Mit zunehmend imposanteren Ausblicken quert der Pfad unter dem Felsgupf der Tête Noire hindurch und steigt schließlich kurz zur **Dixhütte** an. **Abstieg** auf dem gleichen Weg.

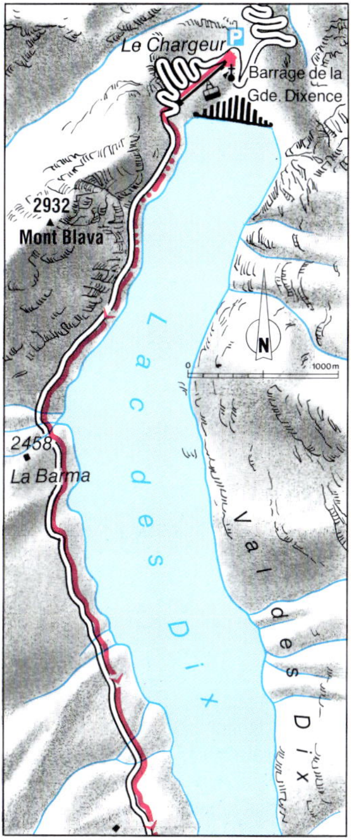

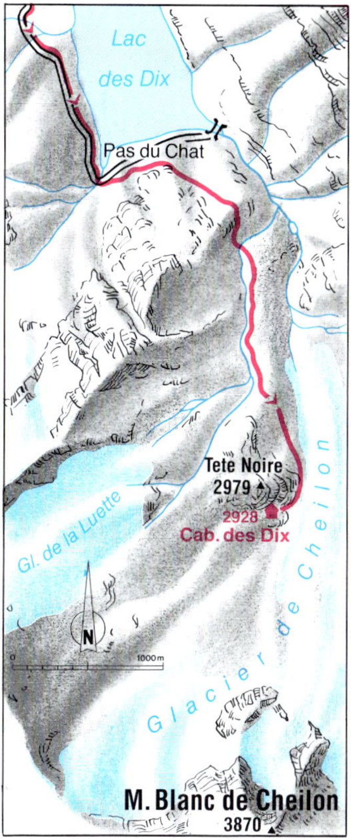

47 Mont d'Orge, 786 m

Kleiner Spaziergang in faszinierender Natur über der Kantonhauptstadt Sion

Lac du Mont d'Orge – Mont d'Orge – alte Wasserleitung (Suone) über den südseitigen Rebbergen – Lac du Mont d'Orge

Talort: Sion (Sitten), 500 m; Hauptstadt des Kantons Wallis, auch die „Weinstube" der Schweiz genannt; Intercity-Station.
Ausgangspunkt: Lac du Mont d'Orge, 643 m, an der Straße nach Savièse inmitten der weiten Weinberge. Postbusverbindung mit Sion-Zentrum bei dichtem Fahrplan. Zu Fuß von der Anlage La Planta (Office du tourisme, zentrale Tiefgarage) in ca. 45 Minuten erreichbar.
Gehzeiten: Lac du Mont d'Orge – Mont d'Orge 20 Min., Abstieg zur Wasserleite 20 Min., Rückweg zum Lac du Mont d'Orge 15 Min.
Anforderungen: Leichter Spaziergang.
Höchster Punkt: Mont d'Orge, 786 m.

Einkehrmöglichkeiten: Restaurants in Sion.
Sehenswertes: Eindrucksvolle Tiefblicke ins Rhônetal und auf Sion mit den charakteristischen Hügeln Tourbillon und Valère, dazu Rebberge, soweit das Auge reicht (an klaren Tagen von Martigny bis Leuk). Der Südhang über den Reben ist ein interessantes Trockenbiotop (u.a. finden sich hier Kakteen und viele andere mediterrane Pflanzen), im Kontrast dazu der urwaldartig dichte Unterwuchs auf der Nordseite des Hügels. Auf dem Gipfel stehen noch die Überreste einer alten Burg. Ein besonderes Kleinod ist auch der Lac du Mont d'Orge mit seinen schilfbewachsenen Ufern.

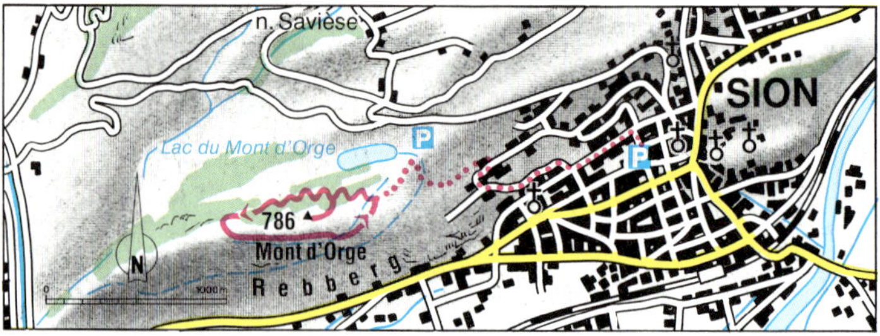

Diese kleine Wanderung empfiehlt sich außerordentlich gut für einen kurzen Zwischenstop in Sion, z.B. verbunden mit einer Stadtbesichtigung. Ganz besonders reizvoll ist dies vor allem im Spätherbst, wenn die Rebberge in warmen Goldtönungen erstrahlen und auch die Wahrscheinlichkeit klarer Fernsicht in den Talbereichen besonders groß ist. Natürlich gibt es hier eine Vielzahl von Spaziermöglichkeiten, mit der hier beschriebenen dürfte man jedoch bei geringstem Einsatz die vielleicht interessantesten Eindrücke mit nach Hause nehmen.

Vom **Lac du Mont d'Orge** geht man südlich leicht ansteigend durch die Weinberge aufwärts. Kurz nach dem letzten Haus zweigt rechts ein Pfad

Rebberge und die Hügel von Tourbillon und Valère charakterisieren Sion.

mit kurzen Serpentinen ab (Vita Parcours), den man bis zur **Gipfelruine** folgt. nach wenigen Metern entlang der alten Mauerreste erreicht man den höchsten Punkt mit einer Statue.
Zum **Abstieg** geht man am Anstiegsweg zurück, bis am Beginn der Ruinen der Vita Parcours nordseitig durch den dichten Wald hinabführt. Man trifft bald auf einen Fahrweg, der zu den Reben an einem aussichtsreichen Sattel an der Westseite des Hügels führt. Ein kleiner Weg leitet eben mitten durch die Reben an die Südseite des Mont d'Orge und entlang der alten Wasserleitung zum Ausgangspunkt zurück.

48 Croix de la Cha, 2351 m

Ungewöhnlich abwechslungs- und aussichtsreiche Wanderung hoch über dem Rhônetal

Mosson – Alp Flore – Lac d'Etang-de-Trente-Pas – Croix de la Cha

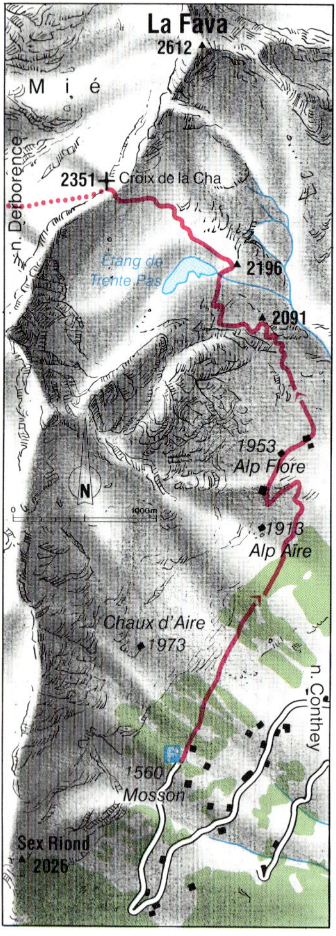

Talort: Conthey, 511 m; kleiner Ort in der Nachbarschaft von Sion am Fuß ausgedehnter Weinberge an den westlichen Berner Alpen. Gute Busverbindung mit Sion.
Ausgangspunkt: Mosson, 1560 m; Ende des geteerten Sträßleins von Conthey bzw. Erde über Daillon und Mayens de Conthey. Busverbindung bis Mayens de Conthey.
Parken: In Mosson bzw. in Sion oder Erde, wenn die Rundwanderung nach Derborence geplant ist.
Gehzeiten: Mosson – Alp Flore 1½ Std., Flore – Lac d'Etang-de-Trente-Pas 1 Std., zum Col ½ Std.; im Abstieg 2 Std.
Anforderungen: Leichte Wanderung auf guten Wegen.
Höchster Punkt: Croix de la Cha, 2351 m.
Einkehrmöglichkeit: Unterwegs keine.
Sehenswertes: Im unteren Bereich Fahrt durch ausgedehnte Weinberge; von der Alp Flore wunderbarer Rückblick in die Talfurche der Rhône, ins Val d'Hérens und zu allen großen Gipfelgestalten des Wallis. Oberhalb von Flore klassisch schöne Karrenfelder. Unter dem Paß der Lac d'Etang-de-Trente-Pas. Vom Paß selbst großartiger Blick auf die Diablerets-Gruppe.
Bemerkung: Eine interessante Variante ergibt sich, wenn vom Paß westlich ins Tal der Lizerne nach Derborence abgestiegen wird, 2 Std., Rückfahrt mit Bus nach Erde (2 Kurse täglich im Sommer).

Die Gipfel um den Croix de la Cha werden von schroffen Kalkriffen gebildet.

Diese Wanderung führt durch eine klassisch schöne Hochgebirgslandschaft, über Weiden und Almen, Karstfelder und Schuttkare. Sie vermittelt fast an jedem Punkt eine glanzvolle Sicht auf die Berge südlich des Rhônetals und die Gipfel der Berner Alpen.

Ein schräg den Hang querender Wirtschaftsweg führt von **Mosson** teils durch Wald, dann wieder über freie Flächen – auf beiden Seiten reiche Blumenpracht – zum Punkt 1848 m und oberhalb davon nach links zur **Alp Aïre**, 1913 m. Hier nach rechts (nördlich) zur **Alp Flore**, 1953 m. Nur leicht ansteigend in nördlicher Richtung auf ein Steilstück zu und in vielen Serpentinen aufwärts zum Punkt 2091 m (links interessante Karrenfelder!). Im flacheren Gelände zum **See**, 2196 m. Weiter in nordwestlicher Richtung zum **Croix de la Cha** hinauf.

Abstieg auf dem Aufstiegsweg.

49 Pierre Avoi, 2473 m

Aussichts-Höhepunkt über dem Rhôneknie bei Martigny

Mayens de Riddes – Savoleyres – Pierre Avoi – Mayens de Riddes

Talort: Mayens de Riddes (Tzoumaz),1520 m. Riddes, 475 m, SBB/CFF-Halt; von dort Busverbindung nach Mayens de Riddes (3 Kurse täglich, 25 – 30 Min. Fahrzeit); oder Bus nach Isérables (5 Kurse), das durch Seilbahn mit Riddes verbunden ist (Betrieb etwa zwischen 6.00 und 20.30 Uhr).
Ausgangspunkt: Bergstation der Gondelbahn Mayens de Riddes – Savoleyres, 2354 m (Betrieb von Ende Juni bis Anfang September).
Parken: An der Talstation (Tzoumaz), 1520 m.
Gehzeiten: Savoleyres – Pierre Avoi 50 Min., Rückweg nach Mayens de Riddes 2¹/₄ Std.
Anforderungen: Sehr gute Wanderwege bis ca. 30 m unter den Gipfel, auf den eine völlig unschwierige Steiganlage mit Stufen und Geländer führt.
Höchster Punkt: Pierre Avoi, 2473 m.
Einkehrmöglichkeit: Bergstation Savoleyres.
Sehenswertes: Trotz der erheblichen Eingriffe in die Landschaft (Almstraßen und Liftanlagen) findet man hier ein herrliches, blumenreiches Mattengelände, in der Höhenstufe darunter schönsten Lärchenwald (der eigentliche Skizirkus „Vier Täler“ schließt sich nach Südosten an unser Wandergebiet an). Bei der Auffahrt schöne Aussicht auf die westlichen Berner Alpen und tief hinunter ins Rhônetal. Ab der Bergstation tolle Aussicht auf Combin- und Mont-Blanc-Gruppe, die mit Erreichen des Gipfels natürlich noch umfassender wird.

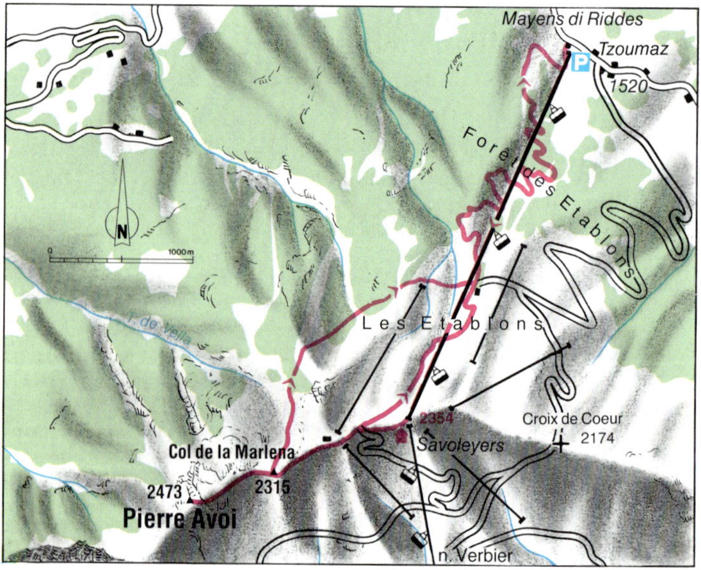

Hoch über dem Rhônetal erhebt sich der Felszacken des Pierre Avoi.

Der Fahrweg zum Col de Coeur und nach Savoleyres ist in sehr schlechtem Zustand – man würde sich mit einer Auffahrt im Pkw um den wirklich schönen Abstieg von Savoleyres nach Mayens de Riddes bringen – ein Teil des Bergerlebnisses bliebe dann wörtlich genommen auf der Strecke! Auch von Verbier kann Savoleyres mit einer Gondelbahn erreicht werden.
Von der **Bergstation** führt der gute Weg über den breiten Gratrücken (man kann ruhig den jeweils obersten Pfaden folgen, die Aussicht lohnt es!) unverfehlbar an die Südostseite des felsigen Gipfelaufbaus. Der kurze Schlußanstieg zum **Pierre Avoi** ist durch eine Eisenstiege, in den Fels gehauene Stufen und mit Drahtseilgeländer für jeden, der halbwegs schwindelfrei ist, ohne weiteres in wenigen Minuten zu machen.
Rückweg nach Mayens de Riddes: Vom Gipfel geht man wieder zurück bis zu der **Col de la Marlena** genannten Scharte, 2315 m, Wegweiser. Hier folgt man dem guten Weg nach **Les Etablons**, wobei man einen wunderschönen lichten Lärchenbestand durchquert. Weiter auf dem Weg, der in Kehren in etwa der Schneise der Gondelbahn nach **Mayens de Riddes** folgt.

50 Col des Otanes, 2846 m

Im Bannkreis des arktischen Gletscherriesen Grand Combin.

Mauvoisin – Col des Otanes – Cab. de Panossière – Mauvoisin

Talort: Fionnay, 1490 m; kleiner Ort im Val des Bagnes.
Ausgangspunkt: Lac de Mauvoisin. Mit dessen über 200 m hoher Staumauer steht der Stausee nur wenig hinter der bekannten Lac-des-Dix-Anlage im Nachbartal zurück. Postbus von Fionnay (4 Kurse täglich, gut 15 Min. Fahrzeit, 8 km).
Parken: Großer Parkplatz am Restaurant Mauvoisin auf dem Geländeabsatz Punkt 1841 m.
Gehzeiten: Mauviosin – Col des Otanes 4 Std.; Abstieg zur Hütte 1/4 Std., Rückkehr zum Paß 1/2 Std.; Abstieg nach Mauvoisin 2 1/2 Std.
Anforderungen: Alpine Wanderung auf gut markiertem Steig.
Höchster Punkt: Col des Otanes, 2846 m
Einkehrmöglichkeiten: Restaurant auf Mauvoisin; als Abstecher Cabane de Panossière, SAC, 2669 m – die von einer Lawine zerstörte Hütte wird z.Zt. wiederaufgebaut und ist von Juli bis September bewartet, bis zur Fertigstellung nur mit einfacher Verpflegung und Getränken.
Sehenswertes: Schöne Blicke auf den Stausee und die dahinter aufragenden Gletscherberge wie den Mont Blanc de Cheilon, reichhaltige Flora; vom Col aus hat man einen idealen Einblick auf den Corbassière-Gletscher mit dem Grand Combin.

Wegen der sehr eigenwilligen Architektur der neuen Panossièrehütte (schräg abgeschnittener Zylinder) bekommt die Sektion des SAC (Genf) starken Widerstand von der Talgemeinden zu spüren.
Vom Restaurant **Mauvoisin** geht man auf der Kraftwerksstraße noch bis in die nächsthöhere Kurve, wo der Weg bei einem Wegweiser in westlicher Richtung abzweigt. Hier ersteigt man in kurzen Serpentinen die links oberhalb gelegene felsdurchsetzte Steilstufe; an der obersten Kehre hat man eine besonders schöne Aussicht auf den Stausee und ins Tal hinab. Gleichmäßig ansteigend quert der Weg nun in den Karkessel Les Tsantons und führt nach Überschreiten einiger Bäche zur jenseits gelegenen **Alpe Tseu-**

Über dem riesigen Corbassière-Gletscher dominiert der eisüberwallte Grand Combin.

mette, 2297 m. Der Weiterweg schlängelt sich geschickt durch die steilen, felsdurchsetzten Rasenhänge hinauf in die nächste Karmulde, die vom Col hinabzieht. Über einige glattgeschliffene Felsbuckel kommt man an ihre gegenüberliegende Seite, auf der dann der Weg ziemlich gerade nach Südwesten durch Geröllfelder, eventuell auch einige Altschneefelder zum breiten Joch führt. Vom **Col des Otanes** quert der Weg die Schotter- und Schneefelder unter dem winzigen Otanes-Gletscher zu einer weiteren schwach ausgeprägten Einsattelung bei Punkt 2880 m, wo man die allerbeste Aussicht auf den Corbassière-Gletscherkessel hat!
Abstieg zur **Panossière-Hütte**: In einigen Kehren führt der gute Weg zu der bereits vom Col sichtbaren Hütte hinab.
Der **Rückweg** erfolgt auf der Anstiegsroute.

Stichwortverzeichnis

Die Zahlen sind keine Seitenangaben, sondern beziehen sich auf Tourennummern oder Notizen im Kapitel Talorte und Täler (=T).